독해의 중요성

독해의 정의

글을 읽어 이해하는 것을 '독해'라고 합니다. 문자 언어로 되어 있는 정보를 읽고 이해하는 능력 없이는 어떤 학습도 제대로 해낼 수 없습니다. 독해는 모든 학습의 기초입니다.

독해의 과정

사실적 읽기   비판적 읽기

문자 > 이해 > 감상, 비평

글의 내용을 이해하는 데에 그치지 않고 스스로 비판하며 읽는 능력을 키웁니다. 본 교재는 글을 읽고 내용을 파악하는 '사실적 읽기'에서, 이해한 내용으로 자신의 생각을 정립하는 '비판적 읽기'로 나아갑니다.

독해의 방법

초등학생 때에는 여러 장르의 글을 읽어 배경지식과 글 읽는 방법을 습득하는 것이 좋습니다. 본 교재는 설명하는 글, 생각을 나타내는 글, 인물 이야기, 시, 동화와 같이 다양한 글을 정확하게 이해하는 데에 중점을 두었습니다. 구체적으로는, 핵심어와 주제 찾기, 내용 파악, 요약하기 등이 있습니다. 이렇게 파악한 내용을 바탕으로, 앞뒤 내용을 살펴 추론하기, 감상, 적용 등 다양한 문제를 풀어 나갈 수 있습니다.

초등 국어
독해력 비타민의 특징

학습 단계를 학습자 수준에 맞게 선택할 수 있습니다.

본 교재는 모두 여섯 단계로 구성되었습니다. 각 학년의 교육 과정과 연계하여 만들었으므로 자신의 학년에 맞는 단계를 선택하는 것을 권장합니다. 그러나 어린이 학습 능력에 따라 단계를 달리 선택할 수 있습니다.

다양한 장르와 폭넓은 소재에 대한 적응력을 기릅니다.

종합적인 독해 능력 향상을 위해 문학과 비문학의 글을 고루 실었고, 그 내용도 문화, 정치, 역사, 예술, 사회, 경제, 과학, 인물 등 다양합니다.

독해 방법을 쉽게 배울 수 있습니다.

핵심어 찾기, 주제 파악하기, 제목 짓기, 글 구조 이해하기 등 다양한 문제를 풀면서 독해 능력을 기를 수 있습니다.

자기 주도 학습을 할 수 있습니다.

매회 틀린 문제를 확인할 수 있도록 '자기 주도 학습 점검표'를 만들어 두었습니다. 어린이 스스로 본인의 부족한 면을 점검할 수 있습니다.

능동적인 글 읽기를 할 수 있습니다.

독해의 목표는, 글쓴이가 무슨 의도로 글을 썼는지 이해하는 것에서 출발하여, 자신의 생각을 바로 세우거나 상상의 날개를 펼치는 것까지입니다. 본 교재는 이 모든 측면을 고려하여 만들었습니다.

배경지식을 넓힐 수 있습니다.

글에 대한 이해력뿐 아니라 풍부한 지식이 있어야 독해를 잘할 수 있습니다. 본 교재는 다양한 주제의 글을 실어 글의 이해와 함께 글과 관련한 여러 지식을 쌓을 수 있도록 돕습니다.

 **지도 방법**

본 교재는 기본적으로 어린이가 스스로 공부할 수 있도록 구성하였습니다.
그러나 부모님이나 교사가 지도하신다면 다음을 참고하세요.

1. 글의 종류 및 난이도에 따라 제시문을 배치했습니다.
집중적인 학습을 원한다면 한 장르를 모두 끝내고 다음 장르로 넘어가세요.
다양한 글에 대한 적응력을 키우고자 한다면 순서에 상관없이 여러 장르를
번갈아 학습해도 좋습니다.

2. 출제 의도에 따른 [자기 주도 점검표]가 있습니다.
점검표에서 틀린 항목을 골라 그 출제 의도가 무엇인지 설명해 주세요.

출제 의도

문제마다 출제 의도를 밝혀 이해를 돕고 있습니다.
제시문의 특성에 맞게 문제 유형을 달리하여 독해의 방향을 제시하였습니다.
즉각적인 피드백을 통해 학생의 강점과 약점을 파악하여
독해 전략을 세우는 데에 길잡이가 됩니다.

다음은 본 교재에 나오는 [출제 의도]에 따른 문제 유형의 예입니다.

ᅵ핵심어ᅵ	글에서 가장 중요한 낱말.	**ᅵ어휘ᅵ**	글에 나온 낱말 뜻.
ᅵ제목ᅵ	글 전체를 대표하는 이름.	**ᅵ인물ᅵ**	등장인물에 대한 이해.
ᅵ주제ᅵ	글의 중심 생각.	**ᅵ배경ᅵ**	글의 바탕인 시간과 장소.
ᅵ요약ᅵ	글의 주요 내용을 정리.	**ᅵ구조ᅵ**	글의 짜임.
ᅵ줄거리ᅵ	글의 내용을 순서대로 정리.	**ᅵ표현ᅵ**	비유와 상징의 이해.
ᅵ적용ᅵ	글의 내용을 다른 상황에 대입.	**ᅵ추론ᅵ**	글의 내용을 바탕으로 그 안에 숨은 뜻을 추측.
ᅵ감상ᅵ	글의 심도 있는 이해와 평가.		

초등 국어 독해력 비타민의 구성

회차

제시문 순서에 따라 회차 번호만 있을 뿐 글의 종류나 제목을 표시하지 않았습니다.
학습자의 상상력을 자극하여 적극적으로 읽는 습관을 기르기 위함입니다.

1회

틀린 문제 유형에 표시하세요.

☐ 인물 ☐ 어휘 ☐ 내용 파악

여우가 길을 급히 달려가다가 발을 잘못 디뎌 그만 우물에 빠졌습니다. 우물이 깊지는 않았지만 혼자서 빠져나올 수는 없었습니다. 그때 마침 염소 한 마리가 옆을 지나다가 우물을 들여다보았습니다. 염소는 몹시 목이 말랐습니다. 그래서 우물 속에 빠진 여우에게 물었습니다.

"여우야, 물맛이 어때?"

"기가 막히게 좋아. 너도 어서 내려와 마셔 봐."

여우는 마침 잘됐다고 생각하며 거짓말을 했습니다. 염소는 ㉠ 여우의 말을 곧이듣고 우물 속으로 뛰어내렸습니다. 물을 실컷 마신 염소는 여우와 마찬가지로 혼자서는 올라갈 수가 없었습니다.

"이걸 어쩌지, 올라갈 수가 없잖아."

"염소야, 걱정할 것 없어. 네 앞발을 우물 벽에 대고 뿔을 위로 세워 봐. 그럼 내가 먼저 네 등을 밟고 올라가서 내 꼬리를 내려줄게. 너는 그것을 물고 올라오면 돼."

염소는 여우가 시키는 대로 했습니다. 여우는 염소의 등과 뿔을 밟고 우물 밖으로 쉽게 빠져나갔습니다.

"여우야, 나도 빨리 올려줘."

"바보 같은 소리 그만해. 너는 무거워서 내가 끌어올릴 수 없어."

염소는 기가 막혀서 큰 소리로 말했습니다.

"그런 법이 어디 있어? 약속은 지켜야 할 거 아냐?"

그러나 여우는 고개를 돌린 채 걸어가며 말했습니다.

"㉡ 염소야, 네 턱에 난 수염만큼이라도 꾀가 있었다면, 다시 나올 방법을 살펴본 다음에 우물에 뛰어들었을 거야!"

(이솝 우화)

제시문

다양한 장르와 폭넓은 소재로 구성하였습니다.

1 이 글에 등장하는 인물을 모두 쓰세요. |인물|

_____ , _____

2 밑줄 친 ㉠은 어떤 뜻으로 쓰였나요? |어휘|

① 여우가 하는 말을 따라 하며.
② 여우가 하는 말을 의심하며.
③ 여우가 하는 말을 꼼꼼하게 따져 보고.
④ 여우가 하는 말을 그대로 믿고.
⑤ 여우의 말이 거짓말인 줄 알면서도.

출제 의도
문제마다 출제 의도를 표시하였습니다. 크게 사실적 읽기와 비판적 읽기로 구성하였습니다.

3 다음 문장을 읽고, 맞는 것에 O, 틀린 것에는 X 하세요. |내용 파악|

① 여우는 염소를 골탕 먹이려고 일부러 우물에 뛰어들었다. (   )
② 우물이 깊지 않아 여우는 혼자서 빠져나왔다. (   )
③ 염소는 여우에게 속아 우물에 뛰어들었다. (   )
④ 여우는 염소를 밟고 우물에서 빠져나왔다. (   )
⑤ 여우는 우물 밖에서 염소를 끌어 올려 주었다. (   )

배경지식
제시문을 이해하는 데 도움이 되는 지식, 제시문을 바탕으로 더 알아야 할 내용을 실었습니다.

'이솝'은 그리스의 작가입니다.
'우화'란 동물이나 식물이 주인공으로 등장하는 이야기입니다.
'이솝 우화'는 '이솝'이 쓴 '우화'를 말합니다.

비문학

초등 국어 **독해력 비타민**과
함께 시작하는

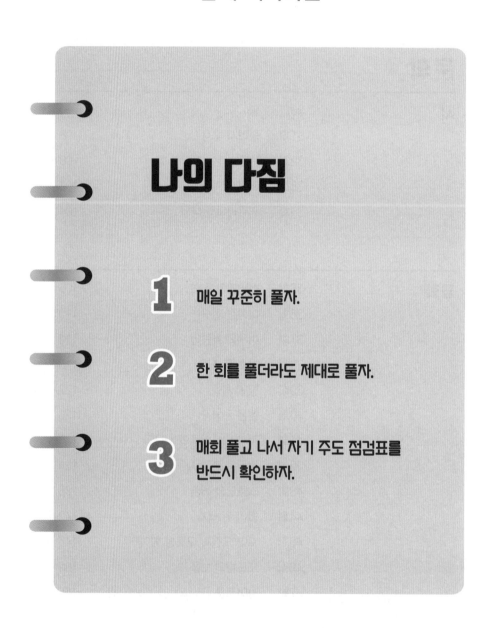

나의 다짐

1 매일 꾸준히 풀자.

2 한 회를 풀더라도 제대로 풀자.

3 매회 풀고 나서 자기 주도 점검표를
반드시 확인하자.

완전개정판

초등국어

2단계

독해력은 모든 학습의 기초!

독해력 비타민

우리가 버리는 생활 쓰레기 중에 다시 쓸 수 있는 것을 재활용 쓰레기라고 합니다. 재활용할 수 없는 쓰레기는 쓰레기봉투에 담아 버리지만, 재활용할 수 있는 쓰레기는 종류별로 나누어서 버립니다. 종이, 플라스틱, 캔, 유리병 등은 재활용할 수 있습니다.

종이류는 차곡차곡 모아서 묶거나, 종이 상자에 담아서 버립니다. 플라스틱류는 내용물을 완전히 비운 다음, 깨끗이 씻어 종류에 따라 모아서 버립니다. 캔류는 속을 비우고, 납작하게 만들어서 버립니다. 유리병류는 뚜껑을 제거하고 속을 깨끗이 씻어 물기를 빼고 모아서 버립니다. 이렇게 모아 둔 재활용 쓰레기는 정해진 날짜와 장소에 내어놓습니다.

1 이 글에 어울리는 제목이 되도록 빈칸에 알맞은 낱말을 쓰세요. │제목│

쓰레기 버리는 방법

2 다음 중 쓰레기를 바르게 버린 사람은 누구인가요? │적용│

① 아영 : 유리병을 깨끗이 씻은 다음에 병뚜껑을 꼭 닫아서 버렸어.

② 지웅 : 모아 둔 신문지를 물기에 젖지 않게 종이 상자에 담아서 버렸어.

③ 재희 : 재활용 쓰레기가 많이 모이면 아무 때나 버렸어.

④ 희선 : 음료수가 남아 있는 캔을 쓰레기통에 버렸어.

⑤ 승헌 : 플라스틱 물병을 신문지에 싸서 버렸어.

3 재활용 쓰레기 버리는 방법을 표로 나타낸 것입니다. 빈칸을 채우세요. |내용 파악|

분류	재활용이 가능한 것	버리는 방법
종이류	신문지, 책, 종이 상자 등	
플라스틱류	식용유 병, 페트병 등	내용물을 비우고 씻어 종류별로 모아서 버린다.
캔류	음식물 캔, 음료수 캔, 가스 용기 등	
유리병류	음료수병, 술병 등	뚜껑을 제거하고 속을 깨끗이 씻어서 버린다.

4 이 글과 뜻이 통하도록 빈칸에 알맞은 낱말을 넣어 글을 완성하세요. |적용|

보호	: 사람이나 사물을 보살피고 돌보는 것.
오염	: 땅, 공기, 물 들이 더러워지는 것.
자원	: 나무, 석유 들처럼 사람이 살아가는 데에 쓰는 것.

　　쓰레기란 쓸모없게 되어 버린 물건을 통틀어 이르는 말이다. 쓰레기는 땅에 묻거나 태워 없애야 하지만, 그러면 환경이 ☐☐ 되고 처리 비용도 많이 든다. 그래서 재활용할 수 있는 쓰레기를 종류별로 나눠서 버리면 ☐☐ 을 절약할 수 있고, 쓰레기양을 줄일 수 있으며, 환경도 ☐☐ 할 수 있다.

찬바람 쌩쌩 부는 겨울이 오면 따끈따끈한 호떡이 생각납니다. 기름을 두른 철판 위에서 지글지글 소리를 내며 익어가는 호떡 냄새를 맡으면 군침이 꼴깍 넘어갑니다.

호떡은 중국에서 들어온 음식입니다. 옛날, 우리나라에 중국 상인들이 들어와 인천에 자리를 잡고 떡이나 만두 등을 팔았습니다. 중국 떡은 우리 떡과 다르게, 떡 속에 채소와 고기를 넣는 특징이 있습니다. 하지만 중국 상인들은 우리나라 사람들의 입맛에 맞게 꿀이나 흑설탕을 떡 속에 넣어 팔았습니다.

인천에서 팔기 시작한 이 떡은 순식간에 우리나라 전체에 퍼졌습니다. 사람들은 중국 오랑캐가 먹는 떡이라고 해서, '떡' 앞에 한자 '오랑캐 호(胡)' 자를 붙여 호떡이라고 이름 지었습니다.

호떡과 관련된 속담이 있습니다. '호떡집에 불난 듯하다'라는 속담은 여럿이 떠들어서 몹시 시끄러운 상황을 나타낼 때 쓰는 말입니다. 이처럼 호떡은 우리나라와 오랜 시간 함께 해 온 친숙한 음식입니다.

* 오랑캐: 옛날에 남의 나라에 함부로 쳐들어가는 종족을 얕잡아 이르던 말.

1 '무엇을 먹고 싶어서 입안에 생기는 침'의 뜻을 지닌 낱말을 찾아 쓰세요. ㅣ어휘ㅣ

2 이 글의 중심 내용으로 알맞은 것을 고르세요. │주제│

① 떡 만드는 방법.

② 중국식 떡 만드는 방법.

③ 우리나라에 호떡이 들어온 과정.

④ 겨울에 먹는 간식.

⑤ 호떡 맛있게 먹는 방법.

3 이 글의 내용과 <u>다른</u> 이야기를 한 사람을 고르세요. │내용 파악│

① 동수: 호떡은 중국 사람들이 처음 만들었어.

② 지연: 중국식 떡에는 원래 채소와 고기가 들어갔어.

③ 윤호: 호떡은 중국 오랑캐가 먹는 떡이라는 뜻이야.

④ 소정: 호떡을 처음 팔기 시작한 곳은 부산이야.

⑤ 해진: 호떡은 중국식 떡에 꿀이나 흑설탕을 넣어 팔기 시작한 음식이야.

4 '호떡'과 같은 방법으로 이름을 지은 것을 고르세요. │추론│

① 호리병은 술이나 약을 담아서 가지고 다니는 병이다. 허리가 잘록하게 들어간 모습이 호리병박을 닮았다고 해서, 잘록한 모양의 병을 '호리병'이라고 이름을 붙였다.

② 원래 우리나라 옷에는 주머니가 없었다. 그런데 중국 사람들이 옷에 주머니를 붙여서 쓰는 것을 보고, 중국 사람들이 쓰는 주머니라는 뜻으로 '호주머니'라고 이름을 붙였다.

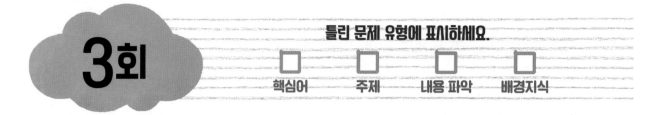

옛날에는 달에 선녀와 토끼가 산다고 생각하기도 했습니다. 토끼는 선녀의 심부름을 하며 떡방아를 찧고 있다고 여겼습니다. 하지만 이제 과학이 발달하여 달의 실제 모습을 알 수 있게 되었습니다. 그곳에는 공기도 없고 물도 없어서 어떤 생명체도 살 수 없습니다. 특히 공기가 없기 때문에 지구와 다른 점이 많습니다.

달에서는 소리를 들을 수 없습니다. 소리는 공기를 통해 전달됩니다. 따라서 공기가 없는 그곳에서는 소리를 내도 들을 수 없습니다.

달에는 바람이 불지 않습니다. 바람은 공기가 움직이는 것입니다. 지구에는 공기가 있어서 바람이 불지만, 달에는 공기가 없기 때문에 바람도 없습니다.

달의 표면은 울퉁불퉁합니다. 우주에 떠다니는 얼음이나 바윗덩어리가 지구에 오면 공기 때문에 땅에 닿기 전에 대부분 타 버립니다. 가끔 ㉠ 덜 탄 것들이 땅에 떨어져도 바람과 비 때문에 자국이 서서히 없어집니다. 하지만 달에는 공기가 없어서 그것이 떨어지면 움푹 파인 자국이 생겨 그대로 남습니다. 그것이 달의 표면이 울퉁불퉁한 이유입니다.

＊떡방아: 떡을 만들 쌀을 찧는 도구.

1 이 글에서 가장 중요한 낱말을 찾으세요. |핵심어|

① 토끼　　② 소리　　③ 바람
④ 달　　⑤ 우주

2 이 글의 중심 내용은 무엇인가요? |주제|

① 선녀와 토끼.　　　　　　　　② 공기가 없는 달의 특징.

③ 소리가 전달되는 원리.　　　　④ 달이 울퉁불퉁한 까닭.

⑤ 얼음과 바윗덩어리가 지구에 떨어지는 까닭.

3 달에 대한 설명으로 맞는 것을 찾으세요. |내용 파악|

① 달에는 토끼가 산다.

② 달에는 생명체가 살 수 없다.

③ 달은 지구와 다른 점이 없다.

④ 달에는 공기와 물이 있다.

⑤ 우주의 얼음이나 바윗덩어리가 달에 매일 떨어진다.

4 다음 글을 읽고 ㉠을 가리키는 낱말로 알맞은 것을 찾으세요. |배경지식|

> 밤하늘에 길게 꼬리를 내리며 떨어지는 불꽃을 본 적 있나요? 이것을 사람들은 별똥별이라고 합니다. 별똥별은 사실 별이 아닙니다. 우주에서 떠다니는 얼음이나 바윗덩어리가 지구로 떨어질 때 밝게 빛을 내며 타는 것입니다. 별똥별을 다른 말로 유성이라고 합니다.
> 그런데 유성 중에서 큰 것은 다 타지 않고 땅에 떨어지기도 합니다. 유성이 타고 남아 땅에 떨어진 것을 운석이라고 합니다.

① 별똥별　　　　② 별　　　　　　③ 바윗덩어리

④ 유성　　　　　⑤ 운석

우리 손에는 수많은 세균이 살고 있습니다. 그래서 손으로 눈을 비비거나 손을 입에 넣으면 눈병, 식중독, 감기 같은 병에 걸릴 수 있습니다. 하지만 손을 깨끗이 씻으면 세균들이 대부분 없어집니다.

올바르게 손을 씻는 방법은 다음과 같습니다.

먼저 흐르는 물에 손을 적시고 비누를 충분히 묻힙니다. 양손을 마주 대고 손바닥을 비빕니다. 손가락을 마주 잡고 문지릅니다. 손등도 손바닥으로 문지릅니다. 엄지손가락은 다른 손의 손바닥으로 감싸서 돌리며 닦습니다. 그 다음 양손으로 깍지를 끼어 손가락 사이도 깨끗이 씻습니다. 손가락 끝을 다른 손의 손바닥에 올려놓고 문질러 손톱 밑도 깨끗이 합니다. 이렇게 구석구석 비누칠한 손을 흐르는 물에 깨끗이 헹군 후 말립니다.

손 씻기는 건강을 지키는 가장 좋은 습관입니다. 올바른 방법으로 손을 자주 씻으면 병을 예방할 수 있습니다.

* 세균: 맨눈으로 볼 수 없을 만큼 아주 작은 생물. 병을 일으키거나 물체를 썩게 만들기도 한다.

1 이 글의 중심 내용은 무엇인가요? | 주제 |

① 손에는 세균이 많다.
② 물을 아껴 쓰자.
③ 비누 사용 방법.
④ 올바른 손 씻기 방법.
⑤ 맨손으로 밥을 먹지 말자.

2 손을 <u>잘못</u> 씻고 있는 사람은 누구인가요? ㅣ내용 파악ㅣ

① 효영: 나는 손톱 밑까지 구석구석 씻어.

② 우민: 나는 비눗기가 사라질 때까지 깨끗이 헹궈.

③ 소정: 나는 좋은 비누를 사용하니까 손을 대충 씻어.

④ 정호: 나는 건강을 지키려고 손을 자주 씻어.

⑤ 민희: 나는 손을 씻은 뒤에 물기를 잘 말려.

3 그림을 보고, 손 씻는 방법을 순서대로 나열하세요. ㅣ내용 파악ㅣ

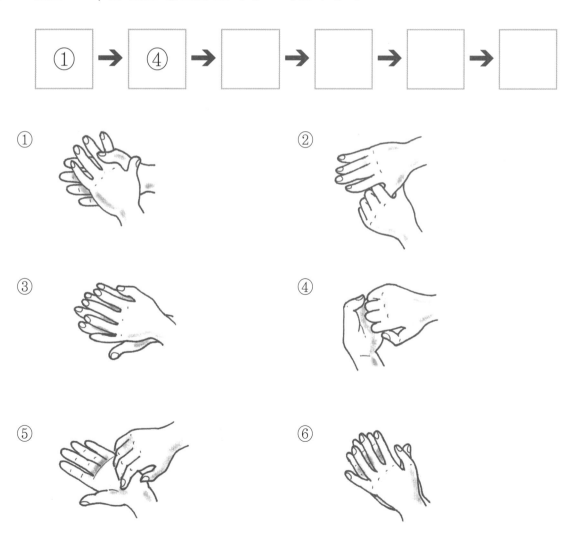

우리는 생활에서 발생하는 문제를 여러 사람과 대화하며 해결하기도 합니다. 그 구체적인 방법으로 토의와 토론이 있습니다.

토의는 어떤 문제에 대해 여러 사람이 의견을 나누며 해결 방법을 찾는, 협동적인 말하기입니다. 정보나 생각을 주고받으면서 가장 좋은 해결책을 찾는 것이 목표입니다. 따라서 어느 쪽이 옳고, 그른지를 따지지 않고 자유롭게 의견을 말합니다. 토의할 때는 결과에 모두 동의할 수 있도록 다수가 결정한 의견을 해결책으로 정합니다. 주제는 여러 사람이 함께 생각해 보아야 할 문제로 정합니다.

토론은 어떤 문제에 대해 찬성과 반대로 나뉘어 자신의 주장이 옳다는 것을 밝히는, 논쟁적인 말하기입니다. 자신의 주장과 그에 대한 근거를 내세우며 상대방을 설득하는 것이 목표입니다. 그래서 토론할 때는 상대방 주장의 잘못된 점을 밝히고, 자신의 주장이 옳다는 것을 증명하려고 노력합니다. 주제는 찬성과 반대로 의견을 나눌 수 있는 문제로 정합니다.

* 논쟁: 생각이 다른 사람들이 서로 자기의 생각이 옳다고 다투는 것.
* 근거: 주장이나 의견에 대한 까닭.
* 증명: 주장이 참인지 거짓인지 증거를 들어서 밝히는 것.

1 제목을 지어 보세요. | 제목 |

와

2 빈칸에 알맞은 말을 넣어 표를 완성하세요. | 내용 파악 |

토의		토론
어떤 문제에 대해 다양한 ☐☐ 을 나누며 해결 방법을 찾는, 협동적인 말하기다.	정의	어떤 문제에 대해 찬성과 반대로 나뉘어 자신의 ☐☐ 이 옳음을 보여주는 논쟁적인 말하기다.
함께 정보를 주고받으면서 가장 좋은 ☐☐☐ 을 찾는다.	목표	자신의 주장과 근거를 내세우며 상대방을 ☐☐ 한다.
여러 사람이 ☐☐ 생각해 봐야 할 문제로 정한다.	주제	찬성과 ☐☐ 로 의견을 나눌 수 있는 문제로 정한다.

3 다음은 우리가 평소에 생각할 수 있는 문제들입니다. 물음에 답하세요. | 적용 |

> ① 합창 대회에서 어떤 노래를 부를까?
>
> ② 친구의 별명을 부르는 것이 바람직할까?
>
> ③ 가족 여행을 어디로 갈까?
>
> ④ 착한 거짓말은 해도 될까?

(1) 토론의 주제로 알맞은 것을 두 개 고르세요.

(,   )

(2) 토의의 주제로 알맞은 것을 두 개 고르세요.

(,   )

　나무는 잎의 모양에 따라 두 종류로 나뉩니다. 가늘고 뾰족한 잎의 나무를 침엽수, 넓적한 잎의 나무를 활엽수라고 합니다.

　소나무, 잣나무, 향나무의 잎은 바늘처럼 뾰족합니다. 그래서 '바늘 (침)', '잎 (엽)', '나무 (수)' 자를 써서 침엽수라 부릅니다. 다른 말로는 '바늘잎나무'라고도 합니다. 잎이 넓으면 추위에 잎이 얼어 자라기 힘들지만 가느다란 잎은 추위에 잘 견딜 수 있습니다. 그래서 추운 지방에서는 침엽수를 쉽게 볼 수 있습니다.

　열매는 주로 ㉠ 솔방울 모양으로 열리고, 점점 익으면서 벌어져 그 안에 있던 씨를 떨어뜨립니다. 나무는 질겨서 집을 지을 때 많이 씁니다.

　'넓다 (활)' 자가 들어 있는 활엽수는, '넓은잎나무'라고도 불립니다. 활엽수의 잎은 둥글고 넓적한 잎, 길고 주변이 뾰족뾰족한 잎, 작고 앙증맞은 잎, 신발만큼 큰 잎 등 다양합니다. 활엽수는 대부분 따뜻하거나 더운 곳에서 자랍니다.

　활엽수는 사계절 내내 푸른 잎이 있는 '상록 활엽수'와 가을이 되면 잎이 떨어지는 '낙엽 활엽수'로 나뉩니다. 상록 활엽수에 동백나무와 사철나무가 있고, 낙엽 활엽수에는 참나무, 떡갈나무 등이 있습니다.

　활엽수는 침엽수에 비해 꽃이 화려한 것이 특징입니다. 또 나무의 결이 아름다워 주로 가구나 악기를 만드는 데 쓰입니다.

◀ 침엽수

◀ 활엽수

1 이 글의 제목을 지어 보세요. |제목|

			와			

2 아래 빈칸에 알맞은 낱말을 쓰세요. |내용 파악|

한자어	우리말
침엽수(針葉樹)	
활엽수(闊葉樹)	

3 이 글의 내용과 다른 것을 찾으세요. |내용 파악|

① 가늘고 뾰족한 잎의 나무를 침엽수라고 한다.

② 침엽수는 추운 곳에서도 잘 자란다.

③ 소나무와 잣나무는 침엽수다.

④ 활엽수의 잎은 둥글고 넓적한 모양밖에 없다.

⑤ 활엽수는 침엽수보다 꽃이 화려하다.

4 '상록 활엽수'가 무엇인지 이 글에서 찾아 쓰세요. |내용 파악|

우리나라에서 해를 가장 먼저 맞이하는 곳이 어디일까요? 바로 우리나라 동쪽 끝에 있는 작은 섬, 독도입니다.

독도는 경상북도 울릉군 울릉읍 독도리에 있는 섬으로, 울릉도의 동남쪽에 있습니다. 큰 섬 두 개(동도, 서도)와 여러 개의 작은 바위섬으로 이루어져 있습니다. 멀리서 보면 봉우리가 세 개로 보인다고 하여 '삼봉도'라고도 불렸습니다. 이밖에도 '우산도, 돌섬, 독섬' 등 여러 이름으로 불려 왔습니다.

오래전에 우산국이라는 나라가 있었습니다. 울릉도와 독도는 우산국의 땅이었습니다. 그런데 신라의 장군 이사부가 우산국을 정벌하여 신라의 땅으로 만들었습니다. 그때부터 울릉도와 독도는 우리 땅이 되었습니다.

조선 시대에 들어 일본 어부들이 독도 근처에서 물고기를 잡았습니다. 당시 일본 어부들은 아무도 살지 않는 독도를 일본의 땅이라고 생각했습니다. 어부 안용복은 그런 일본인들을 독도에서 쫓아냈습니다. 그리고 직접 일본으로 가서 독도가 조선의 땅임을 밝혔습니다. 그러나 오래전부터 독도를 탐내던 일본은 1905년부터 독도가 자신들의 땅이라고 우기기 시작했습니다.

독도에는 바다제비, 슴새, 괭이갈매기와 같은 희귀한 새가 살고 있고, 잠자리, 매미, 딱정벌레와 같은 곤충도 있습니다. 또, 독도 주변의 바다에는 오징어, 명태, 대구 등을 비롯한 여러 종류의 해산물이 많이 있습니다. 그뿐 아니라 주변 풍경이 아름다워 관광지로도 가치가 있는 곳입니다.

* 정벌: 적을 힘으로 무찌르는 것.
* 해산물: 물고기, 조개, 미역 들처럼 바다에서 나는 먹을거리. 🐲 해물

1 다음 중 독도를 부르는 이름이 <u>아닌</u> 것을 고르세요. | 내용 파악 |

① 돌섬   ② 독섬   ③ 울릉도   ④ 삼봉도   ⑤ 우산도

2 이 글에 나오지 <u>않은</u> 내용은 무엇인가요? | 내용 파악 |

① 독도의 위치.

② 독도를 부르는 여러 이름.

③ 독도에 사는 생물들.

④ 독도에 사는 사람들.

⑤ 독도가 신라의 땅이 된 과정.

3 다음에 해당하는 사람은 누구인지 글에서 찾아 쓰세요. | 내용 파악 |

> ① 조선 시대의 어부다.
>
> ② 일본 사람들을 독도에서 쫓아냈다.
>
> ③ 일본에 직접 찾아가 독도가 우리 땅임을 밝혔다.

4 독도에 관한 설명 중 옳지 <u>않은</u> 것을 찾으세요. | 내용 파악 |

① 울릉도에서 떨어져 나온 섬이다.

② 새와 곤충들이 살고 있다.

③ 일본은 1905년부터 자기네 땅이라고 우기고 있다.

④ 두 개의 큰 섬과 여러 개의 작은 바위섬으로 이루어졌다.

⑤ 신라 시대에 이사부 장군이 정벌하기 전에는 우산국의 땅이었다.

여름이 되어 날이 더워지면 다양한 곤충들을 만나볼 수 있습니다. 곤충들은 사는 곳에 따라 숲에서 사는 곤충과 물에서 사는 곤충으로 크게 나누어 볼 수 있습니다.

사슴벌레는 숲에서 사는 곤충입니다. 몸은 검붉은 색깔입니다. 딱딱한 앞날개 밑에 얇은 뒷날개가 있습니다. 그리고 사슴뿔을 닮은 두 개의 큰턱이 있습니다. 주로 썩은 나무나 나무의 수액을 먹습니다.

나비는 꽃이 피어 있는 숲에서 삽니다. 화려한 날개로 이 꽃 저 꽃 꿀을 찾아 날아다닙니다. 평소에는 빨대 같은 입을 둥글게 말고 있다가 꿀을 먹을 때에 길게 쭉 폅니다.

소금쟁이는 물 위에 떠서 삽니다. 가운뎃다리와 뒷다리에 난 잔털 덕분에 물에 떠 있을 수 있습니다. 앞다리로는 죽은 물고기나 물에 빠진 곤충을 잡고 입으로 체액(동물 몸속에 있는 여러 액체)을 빨아 먹습니다.

물속에 사는 곤충에는 물방개가 있습니다. 물방개는 뒷다리에 난 털을 이용해서 헤엄을 칩니다. 물속의 작은 동물이나 작은 물고기를 잡아먹습니다.

애벌레 때는 물속에서 살지만 다 자라면 숲으로 날아가 사는 곤충도 있습니다. 모기는 물에 알을 낳습니다. 3일이 지나면 알에서 애벌레가 나오는데 장구벌레라고 합니다. 더 자라면 물속에서 번데기로 있다가 모기가 되면 물 밖으로 나와 숲으로 날아갑니다.

잠자리도 짝짓기를 마치면 물속에 알을 낳습니다. 알에서 깨어난 애벌레는 올챙이나 물고기를 잡아먹고 자라지만, 물방개 같은 곤충에게 잡아먹히기도 합니다. 다 자라면 물 밖으로 나와 날아갑니다.

* 수액: 뿌리에서 줄기를 통해 잎으로 전달되는, 나무의 영양분이 되는 물.

1 빈칸을 채워 이 글의 제목을 완성하세요. ｜제목｜

☐ 에서 사는 곤충, ☐ 에서 사는 곤충

2 그림에 알맞은 곤충 이름을 글에서 찾아 쓰세요. ｜적용｜

(1)　　　　　　　(2)　　　　　　　(3)

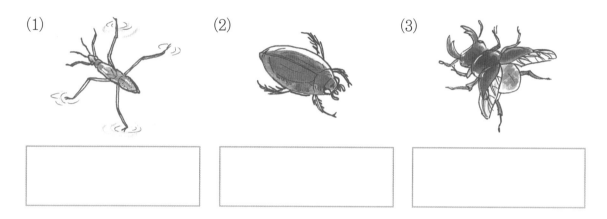

3 이 글의 내용으로 <u>틀린</u> 것을 찾으세요. ｜내용 파악｜

① 나비는 꽃의 꿀을 빨아 먹는다.
② 사슴벌레는 두 개의 큰턱이 있다.
③ 물방개는 작은 물고기를 잡아먹는다.
④ 모기의 애벌레는 소금쟁이다.
⑤ 잠자리는 애벌레 때 물속에서 산다.

4 태어나서 죽을 때까지 한 번도 물에서 살지 <u>않는</u> 곤충을 찾으세요. ｜내용 파악｜

① 사슴벌레　　　② 소금쟁이　　　③ 물방개
④ 모기　　　　　⑤ 잠자리

미끄럼틀을 타고 내려왔을 때, 머리카락이 붕 뜨고 몸이 따가웠던 적이 있었을 것입니다. 또 입었던 옷을 벗을 때, '따닥' 소리가 나거나 머리가 사자 갈기처럼 부스스해지기도 합니다. 이런 현상은 '정전기' 때문에 나타납니다.

정전기는 '흐르지 않는 전기'라는 뜻입니다. 전자 제품을 사용할 때 이용하는 '흐르는 전기'와는 성질이 다릅니다. 정전기는 주로 물체가 다른 것과 서로 닿거나 마찰을 일으킬 때 생깁니다.

일상생활에서는 정전기가 그리 위험하지 않습니다. 하지만 상황에 따라 위험할 수도 있습니다. 자동차에 기름을 넣을 때 정전기로 인해 불꽃이 튀면 기름에 불이 붙을 수도 있습니다.

정전기는 겨울에 더 잘 생깁니다. 겨울에는 공기가 건조하기 때문입니다. 집 안에 빨래를 널어놓거나 가습기, 어항 등을 이용하면 정전기를 줄일 수 있습니다.

㉠ 합성 섬유도 정전기를 잘 일으킵니다. 따라서 합성 섬유로 만든 옷보다 천연 섬유로 만든 옷을 입는 것이 정전기를 줄이는 데 좋습니다. 또 문손잡이 같은 금속을 만질 때는 손톱으로 살짝 건드린 뒤에 잡으면 정전기를 예방할 수 있습니다.

정전기가 모두 나쁜 건 아닙니다. 플라스틱 막대나 먼지떨이를 털옷으로 문지른 뒤에 침대나 소파 아래에 넣으면, 정전기 때문에 먼지가 달라붙어 나와 쉽게 청소할 수 있습니다.

* 갈기: 말, 사자 따위 짐승의 목덜미에 나는 긴 털.
* 마찰: 두 물체를 서로 맞대고 비비는 것.

1 이 글의 중심 낱말을 찾으세요. | 핵심어 |

① 머리카락   ② 전기   ③ 정전기
④ 겨울   ⑤ 미끄럼틀

2 ㉠의 뜻을 바르게 풀이한 것을 찾으세요. | 어휘 |

① 동물의 털로 만든 실.

② 석유, 석탄, 천연가스 등으로 만든 실.

③ 누에고치에서 뽑아낸 실.

④ 솜에서 뽑아낸 실.

⑤ 삼이라는 식물에서 뽑아낸 실.

3 ㉠의 반대말을 이 글에서 찾아 쓰세요. | 어휘 |

_____

4 이 글의 내용을 잘못 이해한 사람은 누구인가요? | 내용 파악 |

① 유영: 정전기가 사람에게 도움을 줄 때도 있어.

② 현기: 정전기는 '흐르지 않는 전기'라는 뜻이야.

③ 준성: 정전기는 여름보다 겨울에 더 잘 생겨.

④ 민지: 집이 건조하면 정전기가 잘 생겨.

⑤ 성주: 합성 섬유로 만든 옷이 정전기를 줄이는 데 좋아.

친척은 결혼을 하거나 자식을 낳아 관계를 맺은 사람들을 말합니다. 또 입양으로 가족을 맞아들여서도 친척이 됩니다. 친척은 크게 친가 친척과 외가 친척으로 나누어 볼 수 있습니다.

친가 친척은 아버지 쪽 친척입니다. 우선 아버지의 부모인 할아버지와 할머니가 있습니다. 아버지의 형은 큰아버지, 남동생은 작은아버지입니다. 큰아버지의 부인을 큰어머니, 작은아버지의 부인을 작은어머니라고 합니다. 아버지의 여자 형제는 고모라고 하고, 고모의 남편은 고모부라고 부릅니다. 큰아버지나 작은아버지의 자녀를 사촌이라고 합니다. 고모의 자녀는 고종사촌이라 부릅니다.

어머니 쪽 친척을 외가 친척이라고 합니다. 어머니의 부모는 외할아버지, 외할머니입니다. 어머니의 남자 형제는 외삼촌이라고 하고, 외삼촌의 부인을 외숙모라 부릅니다. 어머니의 언니나 여동생은 이모라고 합니다. 이모의 남편은 이모부입니다. 외삼촌이 낳은 자식은 외사촌, 이모의 자식은 이종사촌이라고 부릅니다.

* 친가: 아버지 쪽 집안.
* 외가: 어머니 쪽 집안.

1 이 글의 중심 낱말을 찾으세요. | 핵심어 |

① 결혼　　　　② 가족　　　　③ 친가

④ 외가　　　　⑤ 친척

2 이 글의 내용을 표로 정리했습니다. 빈칸에 알맞은 낱말을 쓰세요. | 내용 파악 |

(1)
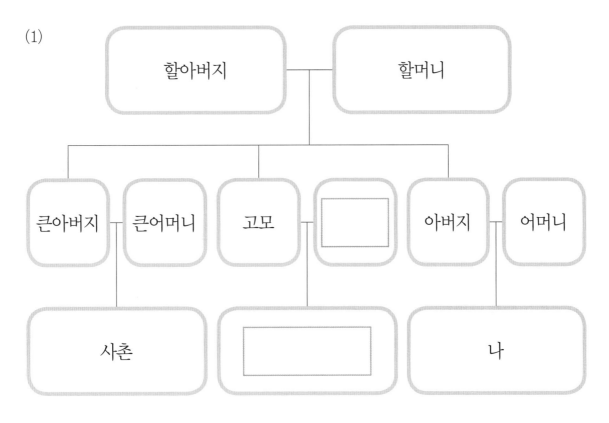

(2)
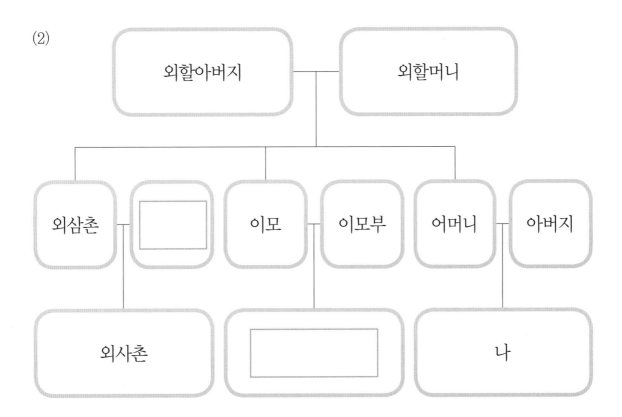

3 이 글의 내용과 같은 것을 찾으세요. |내용 파악|

① 이모는 친척이 아니다.

② 아버지 쪽 친척을 친가 친척이라고 한다.

③ 아버지의 누나는 고모, 여동생은 이모다.

④ 결혼으로 맺어진 사람들은 친척이 아니다.

⑤ 고모의 남편을 작은아버지라고 부른다.

4 '직접 낳지 않은 사람을 자식으로 받아들이는 일'이라는 뜻의 낱말을 이 글에서 찾아 쓰세요. |어휘|

5 '아버지의 할아버지'를 부르는 말은 무엇인가요? |어휘|

① 할아버지   ② 외할아버지   ③ 증조할아버지

④ 증조할머니   ⑤ 고조할아버지

6 다음 글을 읽고, 나와 '3촌'이 <u>아닌</u> 사람을 찾으세요. |추론|

> '촌'은 친척 사이에서 멀고 가까운 정도를 나타내는 말이다. 나는 아버지와 '1촌', 아버지의 형제와는 '3촌'이다.

① 큰아버지   ② 작은아버지   ③ 고모   ④ 할아버지

음악을 연주할 때 쓰는 기구를 통틀어 악기라고 합니다. 악기는 연주 방법에 따라 크게 건반 악기, 현악기, 관악기, 타악기로 나뉩니다.

건반 악기는 손가락으로 건반을 눌러 소리를 내는 악기를 말합니다. 피아노와 쳄발로는 건반을 누르면 건반에 연결된 물체가 줄을 치거나 튕겨서 소리를 냅니다. 오르간과 아코디언은, 건반을 누르면 악기 안에 있는 공기가 울려 소리가 납니다.

현악기는 줄을 움직여 소리를 내는 악기인데, 그 줄을 무엇으로 움직이느냐에 따라 다시 두 종류로 나뉩니다. ㉠ 활로 문질러 소리 내는 악기에는 바이올린, 첼로 같은 서양 악기와 아쟁, 해금 같은 동양 악기가 있습니다. 기타, 거문고, 가야금 같은 악기는 활 대신 손이나 작은 막대 등을 이용해서 연주합니다.

관악기는 입김을 불어 넣어 연주하는 악기로, 만든 재료에 따라 두 종류로 나뉩니다. 나무로 만든 것은 목관 악기, 쇠붙이로 만든 것은 금관 악기입니다. 서양 목관 악기인 플루트와 오보에의 경우 요즘에는 금속으로 만들기도 합니다. 동양 악기로는 단소나 대금 등이 있습니다. 금관 악기로는 서양의 트럼펫과 트롬본, 동양의 나발 등이 있습니다.

타악기는 두드려서 소리를 내는 악기로, 음의 높낮이를 나타낼 수 있는 악기와 그렇지 않은 악기로 나눌 수 있습니다. 팀파니와 실로폰은 음의 높낮이와 박자를 만들어낼 수 있지만, 서양의 북, 심벌즈, 우리나라의 장구 따위는 박자만 만들어냅니다. 현악기, 관악기 등 다양한 악기와 연주할 때, 타악기는 소리가 크고 강해 가장 뒤쪽에 있습니다.

1 빈칸에 알맞은 낱말을 넣어 이 글의 제목을 지어 보세요. | 제목 |

의 종류

2 다음 중 ㉠의 그림을 찾아 번호를 찾으세요. | 어휘 |

① ② ③

3 다음 악기의 종류를 찾아 쓰세요. | 적용 |

건반 악기   현악기   관악기   타악기

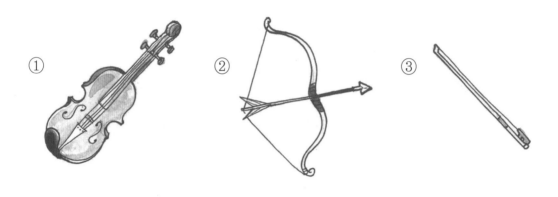

(1) _____

(2) _____

4 이 글의 내용과 <u>다른</u> 것을 찾으세요. |내용 파악|

① 오르간은 건반 악기다.

② 현악기에는 줄이 있다.

③ 관악기는 만드는 재료에 따라 두 가지로 나누어 볼 수 있다.

④ 우리나라에는 타악기가 없다.

⑤ 타악기 중에는 음의 높낮이를 나타낼 수 있는 것이 있다.

5 다음 설명에 알맞은 악기를 찾아 짝지으세요. |배경지식|

쳄발로
(1) 건반을 누르면 줄을 퉁겨서 소리를 내는 악기.

•   •

해금
(2) 작은 울림통에 세로로 막대를 세워 두 줄을 이은 악기.

•   •

나발
(3) 금속으로 둥글고 길게 만들어, 입으로 부는 악기.

•   •

팀파니
(4) 둥그런 통에 가죽을 대어, 채로 쳐서 소리를 내는 악기.

•   •

우리가 매일 먹는 밥은 쌀로 짓습니다. 그렇다면 쌀은 어떻게 얻을까요?

봄이 오면 농부들은 흙이 담긴 판에 <u>볍씨</u>를 뿌립니다. 이렇게 흙이 담긴 판을 '모판'이라고 하고, 모판에서 자란 벼의 싹을 '모'라고 합니다. 모판을 따뜻한 곳에 두고 물을 주며 잘 기르면 모가 자랍니다.

날씨가 따뜻해져 모가 어느 정도 자라면, 모판에서 자란 모를 논에 옮겨 심습니다. 이런 일을 '모내기'라고 합니다. 물을 받아 둔 논에 줄을 맞추어 모를 가지런히 심습니다. 옛날에는 농부들이 모를 하나하나 손으로 심었지만, 요즘은 '이앙기'라는 기계를 이용합니다.

무더운 여름이 되면 논에 심은 모는 쑥쑥 자랍니다. 하지만 여름에는 잡초와 <u>병충해</u> 때문에 벼가 자라는 데 방해를 받기도 합니다. 그래서 농부는 매일 논에 나가서 벼를 돌봅니다. 씨를 뿌리고 <u>수확</u>할 때까지 농부는 자식처럼 정성껏 벼를 보살핍니다. 이 때문에 ㉠'벼는 농부의 발소리를 듣고 자란다'라는 말이 생겼습니다.

벼가 더 자라면 꽃이 있던 곳에 낟알이 맺힙니다. 줄기에서 보내는 영양분과 햇볕을 받아 <u>낟알</u>이 누렇게 익어갑니다. 가을이 되어 논이 황금색으로 가득 차면 농부들은 벼를 벱니다. 그런 뒤 벼에서 낟알을 떼어 냅니다. 그 낟알을 햇볕에 잘 말려 껍질을 까면 그 안의 새하얀 쌀알을 얻을 수 있습니다.

쌀 한 톨에는 이렇게 농부의 정성이 듬뿍 담겨 있습니다.

* 벼: 논에 심어 가꾸는 곡식. 쌀을 열매로 맺는다.
* 논: 벼를 심어서 기르는 땅.

1 이 글의 알맞은 제목을 고르세요. | 제목 |

① 밥을 맛있게 짓는 방법
② 밥을 남기지 말자
③ 쌀이 열리는 과정
④ 농촌의 사계절
⑤ 쌀의 영양소

2 이 글의 내용과 <u>다른</u> 것을 찾으세요. | 내용 파악 |

① 옛날에는 농부들이 '모'를 일일이 심었다.
② 벼는 볍씨를 논에 직접 뿌려 자라게 한다.
③ 여름에는 잡초 때문에 벼가 자라는 데에 방해를 받는다.
④ 벼 낟알이 익으면 누렇게 변한다.
⑤ 껍질 속 쌀알은 하얗다.

3 빈칸을 채워 글의 내용을 정리하세요. | 내용 파악 |

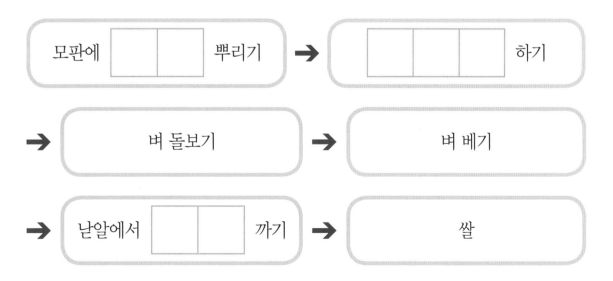

4 이 글에 쓰인 낱말의 뜻을 <u>잘못</u> 적은 것을 찾으세요. ㅣ어휘ㅣ

① 볍씨: 벼의 씨.

② 이앙기: 논의 곡식을 거두어들이는 기계.

③ 병충해: 논밭에 심은 곡식이나 채소가 병이나 벌레 때문에 입은 피해.

④ 수확: 논밭에서 키우는 곡식이나 채소가 익어 거두어들이는 일.

⑤ 낟알: 껍질을 까지 않은 곡식의 알.

5 ㉠은 무슨 뜻일까요? ㅣ추론ㅣ

① 벼는 사람 발소리를 들으면 더 잘 자란다.

② 벼는 사람 발소리를 들려주지 않으면 자라지 않는다.

③ 벼는 사람이 밟아 주어야 더 잘 자란다.

④ 벼를 돌볼 때에는 맨발로 걸어가야 한다.

⑤ 벼는 자주 살펴보고 돌보아야 잘 자란다.

6 이 글과 관련해, 다음 주장의 까닭으로 가장 적절한 것을 찾으세요. ㅣ적용ㅣ

> 밥을 남기지 말고 깨끗이 먹자.

① 밥은 맛있기 때문이다.

② 농부들의 정성이 담겨 있기 때문이다.

③ 어머니께서 설거지하기 힘드시기 때문이다.

④ 음식물 쓰레기가 생기기 때문이다.

⑤ 쌀을 산 돈이 아깝기 때문이다.

산이나 들판에서 자라는 녹색 생물을 우리는 식물이라고 부릅니다. 그 가운데 사람이 밭에서 길러 먹는 것을 '채소'라고 합니다. 사람은 채소의 뿌리나 줄기, 잎, 열매, 꽃 등을 먹습니다.

채소는 크게 한해살이와 여러해살이로 나누어 볼 수 있습니다. 한해살이 채소란, 말 그대로 한 해만 사는 채소입니다. 이 채소들은 보통 봄에 싹을 틔우고 그해 가을에 열매를 맺고는 죽습니다. 상추, 벼, 고추 등이 여기에 속합니다. 부추, 쑥, 달래 등은 한 번 심으면 2년 이상 사는 여러해살이 채소입니다. 잎과 줄기는 죽더라도 뿌리는 죽지 않아 땅속에서 겨울을 보낸 뒤 봄에 다시 싹을 틔웁니다.

사람이 먹는 부분에 따라 뿌리채소, 줄기채소, 잎채소, 열매채소로도 구분합니다. 사람이 뿌리를 캐 먹는 채소를 뿌리채소라고 합니다. 무, 당근, 도라지, 고구마 등이 있습니다. 사람이 줄기 부분을 먹는 채소는 줄기채소입니다. 셀러리, 죽순, 아스파라거스 등이 여기에 속합니다. 사람이 식물의 잎을 먹는 채소는 잎채소입니다. 상추, 양배추, 배추, 시금치, 깻잎 등이 있습니다. 오이, 호박, 고추, 가지, 콩 등은 열매채소입니다. 꽃이 지고 난 자리에 맺히는 열매를 사람이 따서 먹습니다. 꽃이나 꽃봉오리 부분을 먹는 채소도 있습니다. 우리가 먹는 브로콜리는 꽃이 피기 전의 봉오리 부분입니다.

* 틔우고: 싹이 나오게 하고.
* 죽순: 대나무의 어린 싹. 요리의 재료로 쓰이기도 한다.
* 봉오리: 아직 피지 않은 꽃.

1 이 글의 중심 낱말을 쓰세요. ㅣ핵심어ㅣ

2 '채소나 곡식 등을 심어 기르는 땅'의 뜻을 지닌 낱말을 글에서 찾아 쓰세요. ㅣ어휘ㅣ

3 다음 문장이 맞으면 O, 틀리면 X 하세요. ㅣ내용 파악ㅣ

① 한해살이 채소는 1년만 살고 죽는다. (   )

② 여러해살이 채소는 죽었던 뿌리가 되살아나 싹을 틔운다. (   )

③ 상추, 벼, 고추 등은 여러해살이 채소다. (   )

4 이 글에 나타나지 않은 내용을 찾으세요. ㅣ내용 파악ㅣ

① 채소의 뜻.

② 한해살이 채소와 여러해살이 채소의 뜻.

③ 한해살이 채소와 여러해살이 채소의 종류.

④ 뿌리채소의 종류.

⑤ 채소에 들어 있는 영양분.

5 다음 채소를 알맞게 구분하세요. |내용 파악|

오이   셀러리   고구마   배추

시금치   죽순   가지   당근

(1) 뿌리채소   ,_____

(2) 줄기채소   ,_____

(3) 잎채소   ,_____

(4) 열매채소   ,_____

거문고와 가야금은 우리나라의 대표 ㉠ 현악기입니다. 두 악기는 생김새가 비슷해서 헷갈리기 쉽습니다. 하지만 자세히 살펴보면 거문고와 가야금은 분명히 다른 악기입니다.

거문고는 깊고 무거운 소리 때문에 선비들에게 사랑을 받았습니다. 옛날에 중국이 고구려에 '칠현금'이라는 악기를 선물로 보냈습니다. 고구려에 살던 왕산악은 이 칠현금을 새로 고쳐서 거문고로 만들었습니다. 왕산악이 거문고를 연주하자 하늘에서 검은 학이 내려와 춤을 추었다고 해서 '현학금'이라고 불리기도 했습니다.

거문고는 울림통 위에 명주실로 6줄을 매어 만듭니다. 왼손으로는 줄을 눌러 음의 높낮이를 조절하고, 오른손은 술대라는 막대로 줄을 내리치거나 올려 뜯어 소리를 냅니다.

옛날에 가야라는 나라가 있었습니다. 가야금은 가야의 임금 가실왕 때 만든 악기입니다. 중국의 '쟁'이라는 악기를 참고하여, 우리 고유의 현악기를 더욱 발전시켜 만들었습니다. 가야의 악기라는 뜻으로 가야금이라 이름 붙였습니다. 악사 우륵은 가실왕의 명령으로 가야금으로 연주할 12곡을 지었습니다. 우륵은 가야금을 널리 알리는 데 큰 역할을 했습니다.

가야금은 울림통 위에 명주실로 12줄을 매어 만듭니다. 손가락으로 직접 줄을 뜯거나 튕기면 부드럽고 가벼운 소리를 냅니다.

* 선비: 지식이 많고, 행동과 예절이 바른 사람.
* 칠현금: 옛날, 중국에서 사용하던 일곱 줄로 된 현악기.
* 명주실: 누에고치에서 뽑은 실.
* 악사: 악기를 연주하는 사람.

1 빈칸에 알맞은 낱말을 넣어 이 글의 제목을 쓰세요. |제목|

|　　|　　|　　| 와 |　　|　　|　　|

2 거문고의 다른 이름은 무엇인가요? |내용 파악|

|　　|　　|　　|

3 이 글의 내용을 정리했습니다. 빈칸에 알맞은 낱말을 쓰세요. |내용 파악|

거문고		가야금
_____ 줄	줄의 개수	12줄
☐☐라는 막대로 줄을 치거나 뜯는다.	연주 방법	손가락으로 직접 줄을 뜯거나 ☐☐서 연주한다.
깊고 ☐☐☐ 소리를 낸다.	소리	부드럽고 ☐☐☐ 소리를 낸다.

4 이 글의 내용을 가장 잘 이해한 친구를 찾으세요. |내용 파악|

① 주현: 우리나라의 악기는 거문고와 가야금뿐이야.

② 지민: 거문고와 가야금은 생김새가 매우 달라.

③ 현규: 가야금은 거문고를 참고하여 만들었어.

④ 선미: 거문고와 가야금에는 모두 울림통이 있어.

⑤ 진희: 가야 왕이 신라 왕에게 가야금을 선물했어.

5 이 글에 대해 가장 잘 설명한 것을 찾으세요. |구조|

① 거문고와 가야금의 모습을 눈으로 보는 것처럼 자세히 설명하였다.

② 거문고와 가야금의 닮은 점을 설명하였다.

③ 거문고와 가야금의 차이점을 설명하였다.

④ 거문고와 가야금 만드는 방법을 자세히 설명하였다.

⑤ 거문고와 가야금 각 부분의 이름과 쓰임새를 자세히 설명하였다.

6 ㉠은 어떤 악기일까요? |배경지식|

① 손가락으로 건반을 눌러 소리를 내는 악기.

② 줄을 문지르거나 튕겨서 소리를 내는 악기.

③ 손이나 막대로 악기를 직접 두드려서 소리를 내는 악기.

④ 둥글고 긴 관을 입으로 불어서 소리를 내는 악기.

⑤ 악기끼리 부딪쳐 소리를 내는 악기.

나라마다 그 나라를 상징하는 깃발이 있습니다. 이것을 국기라고 하는데, 우리나라 국기의 이름은 태극기입니다.

태극기의 가운데 있는 둥근 무늬를 '태극'이라고 합니다. 위의 붉은색은 존귀함과 밝음을, 아래의 파란색은 희망과 어둠을 나타냅니다.

태극 무늬 주변 네 곳에 막대 모양이 있는데 이것을 '괘'라 하고, 네 괘를 '건곤감리'라 부릅니다. 태극 무늬 왼쪽 위의 괘는 하늘을 상징하는 '건(☰)', 건의 ㉠ 대각선 방향에 있는 것은 땅을 상징하는 '곤(☷)'입니다. 태극 무늬 오른쪽 위의 괘는 물을 상징하는 '감(☵)', 감의 대각선 방향에 있는 것은 불을 상징하는 '이(☲)'입니다.

이렇듯 서로 맞서는 뜻의 괘가 마주 보고 있는데, 이는 서로 다른 것들이 조화를 이루어 발전한다는 뜻을 나타냅니다.

태극기의 바탕은 흰색입니다. 이것은 밝음과 순수를 상징하며, 평화를 상징하는 우리 민족의 모습을 나타냅니다.

태극기를 사용하지 않을 때는 잘 접어서 국기함에 넣어 보관합니다. 훼손된 태극기는 버리거나 다른 용도로 쓰지 말고 태워 없애야 합니다. 때가 묻으면 세탁해서 사용합니다.

* 상징: 생각이나 느낌을 눈에 보이는 것으로 나타내는 것.
* 존귀함: 높고 귀함.
* 조화: 서로 잘 어울리는 것.
* 국기함: 국기를 보관하는 상자.
* 훼손: 헐거나 함부로 다루어 못 쓰게 하는 것.
* 용도: 물건 등이 쓰이는 방식. 🄑 쓰임새

1 ㉠은 어느 방향을 말하나요? 아래에서 고르세요. | 어휘 |

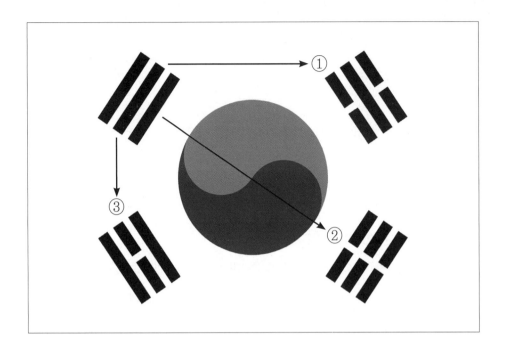

2 태극기에 그려진 무늬 또는 모양과 <u>관계없는</u> 낱말을 고르세요. | 내용 파악 |

① 하늘   ② 불

③ 어둠   ④ 희망

⑤ 용기

3 이 글에 나와 있지 <u>않은</u> 내용을 고르세요. | 내용 파악 |

① 태극기를 다는 때는 언제인가.

② '태극'은 무슨 색으로 이루어졌나.

③ 우리나라 국기의 이름은 무엇인가.

④ 태극기 네 귀퉁이의 막대 모양을 무엇이라 하는가.

⑤ 태극기는 어떻게 보관하는가.

4 태극의 4괘입니다. 이것이 상징하는 것을 쓰세요. | 내용 파악 |

(1) 건(▤) → _____

(2) 곤(▤) → _____

(3) 감(▤) → _____

(4) 이(▤) → _____

5 다음 중 <u>틀린</u> 말을 한 사람은 누구인가요? | 내용 파악 |

① 용호: 태극기의 흰색 바탕은 평화를 사랑하는 우리 민족을 나타내.

② 지수: 우리나라만 국기가 있는 것은 아니야.

③ 장규: 태극기가 낡으면 가위로 오려서 버려야 해.

④ 희승: 태극 무늬 주변의 막대 모양을 괘라고 불러.

⑤ 종수: 태극의 두 색은 밝음과 어둠을 나타내.

6 나라와 국기 이름을 바르게 짝지으세요. | 배경지식 |

(1) 미국 •   • 삼색기

(2) 일본 •   • 성조기

(3) 프랑스 •   • 인공기

(4) 북한 •   • 일장기

국경일이란 나라의 좋은 일을 기념하기 위하여 법으로 정해 축하하는 날입니다. 이날, 나라에서는 기념식과 축하 행사를 열며, 가정에서는 태극기를 답니다. 삼일절(3월 1일), 제헌절(7월 17일), 광복절(8월 15일), 개천절(10월 3일), 한글날(10월 9일)이 우리나라의 5대 국경일입니다.

삼일절은 일본에 빼앗겼던 나라를 되찾으려고 독립운동을 일으킨 것을 기념하는 날입니다. 1919년 3월 1일, 우리 조상들은 일본에 맞서 독립을 선언하고 만세 운동을 펼쳤습니다.

제헌절은 우리나라가 헌법을 만들어 널리 알린 것을 기념하는 날입니다. 1948년 7월 17일 만들어진 헌법에는 나라를 다스리기 위한 기본 원칙, 국민이 누려야 할 권리와 지켜야 할 의무가 담겨 있습니다.

광복절은 일본에 나라를 빼앗겼다가 되찾은 것을 기념하는 날입니다. 1910년 8월 29일 일본에 빼앗겼던 나라를 1945년 8월 15일에 되찾아 일본에게서 독립했습니다.

개천절은 단군이 우리나라를 세운 것을 기념하는 날입니다. '개천절'은 '하늘이 열린 날'이라는 뜻으로, 단군이 우리나라 최초의 국가인 '고조선'을 세운 날을 기념합니다.

한글날은 한글의 우수성을 알리고, 세종 대왕이 훈민정음을 만들어 세상에 알린 것을 기념하는 날입니다. 한글은 ㉠ 국보 제70호로 지정되었을 뿐 아니라, 유네스코 세계 기록 유산으로도 등록되어 있습니다.

* 선언: 주장이나 생각을 널리 알리는 것.
* 유네스코: 세계 평화와 인류 발전을 위해 노력하는 국제기구.
* 세계 기록 유산: 유네스코가 지정한, 세계적 보존 가치가 있는 책이나 그림 등.

1 빈칸을 채워 이 글의 제목을 완성하세요. |제목|

우리나라의 <table><tr><td></td><td></td><td></td></tr></table>

2 이 글의 내용과 <u>다른</u> 것을 고르세요. |내용 파악|

① 1919년 3월 1일, 우리 조상은 일본에 맞서 독립을 선언하고 만세 운동을 펼쳤다.

② 헌법에는 국민의 권리와 의무가 담겨 있다.

③ 1945년 8월 15일은 우리나라가 일본의 지배에서 벗어난 날이다.

④ 개천절은 '용이 하늘로 올라간 날'이라는 뜻이다.

⑤ 한글은 유네스코 세계 기록 유산으로 등록되어 있다.

3 우리나라 5대 국경일을 설명한 표입니다. 빈칸을 채우세요. |내용 파악|

	국경일	날짜	담긴 뜻
(1)	삼일절		일본에 빼앗겼던 나라를 되찾으려고 독립운동을 일으킨 것을 기념하는 날.
(2)	제헌절	7월 17일	
(3)	광복절		일본에 나라를 빼앗겼다가 되찾은 것을 기념하는 날.
(4)	개천절	10월 3일	
(5)	한글날		한글의 우수성을 알리고, 세종 대왕이 훈민정음을 만들어 세상에 알린 것을 기념하는 날.

4 다음 중 태극기를 다는 날을 고르세요. | 내용 파악 |

① 어린이날   ② 어버이날

③ 한글날   ④ 식목일

⑤ 스승의 날

5 ㉠의 뜻으로 맞는 것을 고르세요. | 어휘 |

① 나라에서 귀중한 것으로 지정하여 보호하고 관리하는 문화재.

② 훼손되거나 없어질 위기에 있는 문화재.

③ 역사적으로 의미가 있는 책.

④ 나라에 가장 오래된 물건.

⑤ 우리나라에만 있는 보석.

6 다음 중 독립운동과 관련이 있는 사람을 고르세요. | 배경지식 |

① 세종대왕   ② 장영실   ③ 이순신

④ 신사임당   ⑤ 유관순

7 국경일에 국기를 단 모습입니다. 바르게 단 것에 동그라미 하세요. | 배경지식 |

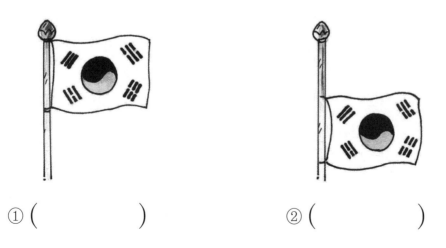

① (   )   ② (   )

옛날부터 사람들은 새처럼 자유롭게 하늘을 날고 싶다는 꿈을 꾸었습니다. 그 꿈을 이루기 위해 제일 먼저 과학적인 방법으로 연구한 사람은 이탈리아의 레오나르도 다빈치였습니다. 다빈치는 나사 모양의 헬리콥터나 여러 모양의 비행기를 그림으로 그리며 연구했습니다. 하지만 그것을 실제로 만들지는 못했습니다.

그 후 1783년, 프랑스의 몽골피에 형제가 열기구를 발명하여 하늘을 나는 데 성공하였습니다. 프랑스의 나폴레옹 황제는 열기구를 이용해 적군을 살펴보기도 했습니다.

1891년 독일의 릴리엔탈은 날개를 이용해 바람을 타고 하늘을 나는 글라이더를 발명했습니다. 글라이더의 발명으로 사람들은 비행기의 가장 중요한 부분인 날개에 더욱 관심을 가졌습니다. 하지만 릴리엔탈의 글라이더에는 움직일 수 있는 힘을 만드는 엔진이 없었습니다. 그래서 멀리 가거나 하늘 높이 날 수는 없었습니다.

이후에도 비행기를 만들려는 사람들의 노력은 계속되었습니다. 엔진이 달린 비행기를 처음 만든 사람은 미국의 라이트 형제입니다. 1903년, 라이트 형제는 글라이더에 엔진을 달아 비행기를 만들고, 12초 동안 36미터를 날아갔습니다.

그 후, 비행기는 계속 발전했습니다. 오늘날의 비행기는 무척 빨라 하루 안에 지구 반대편까지 갈 수 있습니다. 이에 만족하지 않고 사람들은 더욱 빠르고 안전한 비행기를 만들기 위해 노력하고 있습니다.

* 열기구: 큰 풍선에 든 공기를 불로 데워서 하늘로 떠오르게 만든 기구.
* 글라이더: 바람의 힘으로 나는 비행기.

1 이 글에서 가장 중심이 되는 낱말을 고르세요. ㅣ핵심어ㅣ

① 헬리콥터   ② 비행기   ③ 열기구

④ 글라이더   ⑤ 라이트 형제

2 이 글의 중심 내용은 무엇인가요? ㅣ주제ㅣ

① 사람들은 새처럼 날고 싶은 꿈을 가지고 있다.

② 비행기를 만드는 법은 매우 어렵다.

③ 비행기는 라이트 형제가 발명했다.

④ 비행기를 발명하기까지 많은 사람의 노력이 있었다.

⑤ 비행기를 맨 먼저 과학적으로 생각한 사람은 레오나르도 다빈치다.

3 아래에서 설명하는 낱말을 글에서 찾아 쓰세요. ㅣ어휘ㅣ

> 석유 등을 태워서 얻은 에너지로 기계가 움직일 수 있도록 하는 장치.

4 그림을 보고 알맞은 이름을 글에서 찾아 쓰세요. ㅣ어휘ㅣ

5 이 글의 내용과 <u>다른</u> 것을 고르세요. | 내용 파악 |

① 레오나르도 다빈치는 실제로 비행기를 만들지는 못했다.
② 나폴레옹 황제는 열기구를 사용해 적군을 살폈다.
③ 릴리엔탈의 비행기는 멀리 날 수 없었다.
④ 엔진이 있는 비행기를 맨 먼저 만든 사람은 라이트 형제다.
⑤ 몽골피에 형제의 열기구에는 엔진이 있었다.

6 비행기가 발전한 순서를 맞게 쓴 것을 찾으세요. | 내용 파악 |

① 상상으로 그린 비행기 → 열기구 → 글라이더 → 엔진을 단 비행기
② 열기구 → 상상으로 그린 비행기 → 엔진을 단 비행기 → 글라이더
③ 글라이더 → 상상으로 그린 비행기 → 엔진을 단 비행기 → 열기구
④ 엔진을 단 비행기 → 상상으로 그린 비행기 → 열기구 → 글라이더
⑤ 상상으로 그린 비행기 → 글라이더 → 열기구 → 엔진을 단 비행기

7 다음과 같은 생각을 하고 비행기를 만든 사람은 누구일까요? | 추론 |

'저 새처럼 날개를 활짝 펴서 바람을 이용하면 하늘을 날 수 있겠구나!'

① 다빈치 ② 나폴레옹
③ 몽골피에 형제 ④ 릴리엔탈
⑤ 라이트 형제

자전거는 지금부터 약 200년 전에 만들어졌습니다. 최초의 자전거는 페달이 없는 나무 자전거로, 발로 땅을 차며 달렸습니다. 그 후에 앞바퀴에 페달이 달린 자전거가 나왔습니다. 그리고 좋은 자전거를 만들려는 노력이 계속되면서 지금과 같은 자전거가 탄생하였습니다.

자전거는 여러 부분으로 이루어져 있습니다. 앉을 수 있는 안장, 발로 밟아 바퀴를 움직이게 하는 페달, 페달과 바퀴를 연결하는 체인, 방향과 속도를 조절하는 핸들 등이 있습니다.

자전거는 종류가 다양합니다. 바퀴가 두껍고 튼튼해서 험난한 산길을 잘 달릴 수 있는 산악자전거, 빠른 속도로 달릴 수 있도록 바퀴를 얇게 만든 도로 자전거, 누워서 탈 수 있는 리컴번트 자전거, 핸들을 자유롭게 돌려 공중 회전과 같은 묘기를 보일 수 있는 비엠엑스(BMX) 자전거 등이 있습니다.

자전거는 다양한 용도로 쓰입니다. 사람들이 이곳에서 저곳으로 갈 수 있는 이동 수단, 짐을 나르는 운송 수단, 몸과 마음을 쉬게 하는 여가 활동 수단, 건강한 몸을 만들기 위한 운동 수단 등으로 사용됩니다. 또 자가발전 자전거는 전기를 생산하는 데 사용합니다. 페달을 돌려 전기를 일으키고, 그 힘을 이용해 전자 제품을 작동시킵니다.

자전거를 탈 때는 알맞은 복장을 갖추어야 합니다. 눈에 잘 띄는 밝은색의 옷을 입고, 안전장비를 착용합니다. 신발은 슬리퍼나 샌들보다는 끈이 없는 운동화가 좋습니다.

* 여가: 일을 하다가 잠시 쉬는 시간.
* 자가발전: 개인이 가진 기계를 이용해 전기를 일으키는 일.

1 이 글에서 알 수 <u>없는</u> 내용을 고르세요. |내용 파악|

① 자전거의 역사.

② 자전거의 종류.

③ 자전거의 구성.

④ 자전거의 용도.

⑤ 자전거를 타는 방법.

2 이 글의 내용과 같은 것을 고르세요. |내용 파악|

① 산악자전거는 바퀴가 얇고 가볍다.

② 자전거를 탈 때는 어두운색 옷을 입어야 한다.

③ 자가발전 자전거는 페달을 밟아 전기를 일으킨다.

④ 최초의 자전거는 자전거 앞바퀴에 페달이 달려 있었다.

⑤ 자전거를 탈 때는 슬리퍼나 샌들을 신는다.

3 그림을 보고, 알맞은 이름을 글에서 찾아 쓰세요. |적용|

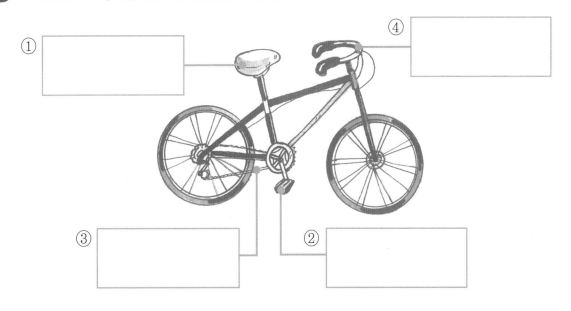

4 자전거의 쓰임으로 가장 거리가 <u>먼</u> 것을 고르세요. | 내용 파악 |

① 이동하는 데에 쓴다.

② 짐을 나르는 데에 쓴다.

③ 몸과 마음을 쉴 때 쓴다.

④ 위험한 상황에서 무기로 쓴다.

⑤ 건강한 몸을 만들려고 운동할 때에 쓴다.

5 자전거 관련 표지판입니다. 표지판과 내용을 알맞게 짝지으세요. | 배경지식 |

(1) •　　　• 자전거를 타고 건널 수 있는 길.

(2) •　　　• 2대 이상 자전거를 나란히 탈 수 있는 길.

(3) •　　　• 자전거와 사람이 함께 다니는 길.

(4) •　　　• 자전거만 다니는 길.

　우리는 주변에서 벌레를 흔히 볼 수 있습니다. 무당벌레처럼 귀여운 벌레도 있지만, 쐐기벌레처럼 징그럽고 무서운 벌레도 있습니다. 이러한 벌레들 가운데 몸이 머리, 가슴, 배 세 부분으로 나뉘어 있고, 세 쌍(6개)의 다리를 가진 것을 곤충이라고 합니다.

　곤충은 동물 가운데 4분의 3을 차지할 정도로 그 수가 많고 종류도 다양합니다. 곤충이 많이 퍼지게 된 까닭은, 번식력이 강해 알을 많이 낳고, 몸집이 작아 적으로부터 몸을 숨기는 데 유리하기 때문입니다. 또, 자라면서 몸이 여러 단계를 거쳐 변하므로 살아갈 수 있는 곳이 많고, 환경에 적응하는 능력이 뛰어나기 때문입니다.

　곤충은 짝짓기를 해서 알을 낳습니다. 알에서 깨어난 애벌레는 크기나 모습이 변하면서 어른벌레가 됩니다. 이렇게 모습이 바뀌는 과정을 '탈바꿈(변태)'이라고 합니다. 나비, 파리, 벌, 무당벌레처럼 알에서 애벌레, 번데기를 거쳐 어른벌레가 되는 것을 '완전 탈바꿈(완전 변태)'이라고 합니다. 그리고 매미, 메뚜기, 바퀴벌레처럼 번데기 과정을 거치지 않고, 알에서 애벌레, 어른벌레가 되는 것을 '불완전 탈바꿈(불완전 변태)'이라고 합니다.

　곤충은 농작물에 피해를 주기도 하고, 인간과 동식물에 질병을 옮기기도 합니다. 그러나 동물의 사체나 낙엽 등을 먹어서 숲을 청소하고, 다른 동물의 먹이가 되어 생태계가 잘 유지되도록 중요한 ㉠ 역할을 합니다.

---

* 번식력: 생물이 수를 늘려 퍼뜨리는 힘.
* 사체: 짐승이나 사람의 죽은 몸뚱이.
* 생태계: 여러 생물이 서로 영향을 미치면서 사는 세계.

1 이 글에서 알 수 <u>없는</u> 내용을 고르세요. | 내용 파악 |

① 곤충의 생김새.　　　　　　② 곤충의 수가 많은 까닭.

③ 곤충의 먹이.　　　　　　　④ 곤충이 모습을 바꾸는 과정.

⑤ 불완전 탈바꿈을 하는 곤충의 종류.

2 곤충의 몸은 크게 세 부분으로 나눌 수 있습니다. 각 부분의 이름을 쓰세요.
| 내용 파악 |

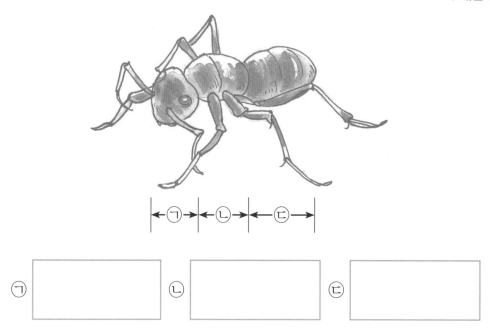

ㄱ [　　　　　　]　ㄴ [　　　　　　]　ㄷ [　　　　　　]

3 이 글의 내용과 <u>다른</u> 것을 고르세요. | 내용 파악 |

① 곤충은 동물 중에 수가 가장 많다.

② 곤충은 번식력이 강하다.

③ 곤충은 인간에게 해로움만 준다.

④ 곤충은 여러 차례 탈바꿈을 한다.

⑤ 곤충은 환경에 적응하는 능력이 뛰어나다.

4 곤충의 탈바꿈 과정입니다. 빈칸을 알맞게 채우세요. | 내용 파악 |

(1) 완전 탈바꿈: 나비, 파리, 벌, 무당벌레 등 .

| 알 | → | | → | | → | |

(2) 불완전 탈바꿈: 매미, 메뚜기, 바퀴벌레 등.

| 알 | → | | → | |

5 밑줄 친 ㉠의 '역할'과 같은 뜻으로 쓰인 것을 고르세요. | 추론 |

① 곤충은 인간에게 질병을 옮기기도 한다.
② 곤충은 식물에서 먹이를 얻고, 식물은 곤충을 통해 열매를 맺는다.
③ 곤충은 사막을 나무로 울창하게 만든다.
④ 곤충은 날개가 있는 것과 없는 곤충으로 분류한다.
⑤ 곤충은 짝짓기를 해서 알을 낳는다.

6 곤충이 우리에게 해로움을 주는 경우를 고르세요. | 추론 |

① 곤충은 인간에게 꿀을 준다.
② 곤충은 인간의 먹이로 사용되기도 한다.
③ 해충을 없애기 위해 농약 대신 곤충을 이용하기도 한다.
④ 곤충은 인간이나 동물에게 질병을 옮기기도 한다.
⑤ 곤충은 자신을 방어하기 위해 몸색깔을 바꾸기도 한다.

　겨울은 동물과 식물이 살기에 아주 불편합니다. 그래서 동물과 식물들은 자기에게 맞는 방법으로 겨울나기를 합니다.

　개구리, 뱀, 곰, 다람쥐, 너구리 등은 겨울잠을 잡니다. 겨울은 날씨가 춥고, 먹이를 구하기 어렵기 때문입니다. 이 가운데 개구리와 뱀은 봄이 올 때까지 깊은 잠을 잡니다. 하지만 곰과 다람쥐, 너구리는 얕은 잠을 자며, 가끔 깨어나 더 따뜻한 곳으로 옮기거나 준비해 둔 먹이를 먹습니다.

　개, 고양이, 토끼, 사슴, 여우 등은 털갈이를 합니다. 부드러운 털이 빠지고, 겨울을 따뜻하게 보내기 위해 굵고 긴 털이 많이 납니다.

　곤충들은 종류에 따라 알이나 애벌레, 번데기, 어른벌레로 겨울을 납니다. 사마귀, 귀뚜라미, 메뚜기 등은 알로 겨울나기를 합니다. 장수풍뎅이와 사슴벌레는 나무 구멍 속에서, 잠자리는 물속에서 애벌레로 겨울을 버팁니다. 나무속이나 물속이 땅 위보다 더 따뜻하고 안전하기 때문입니다. 호랑나비, 배추흰나비, 쐐기나방은 번데기로 겨울나기를 합니다. 고치를 만들어 번데기로 겨울을 지내면 움직이지도, 먹지도 않기 때문에 추운 겨울을 견딜 수 있습니다. 또 무당벌레와 비단벌레는 무리를 지어 나무속이나 낙엽 밑에 모여 어른벌레로 겨울을 납니다.

　나무는 추운 겨울을 견디기 위해 겨울눈을 달고 있습니다. 잎이 다 떨어진 나뭇가지 끝에 작은 봉오리처럼 뾰족이 나와 있는 게 바로 겨울눈입니다. 봄이 되면 겨울눈에서 꽃이나 잎이 돋습니다. 채송화, 봉선화, 나팔꽃, 벼 등은 씨로 겨울을 납니다. 겨울 동안 땅속에 씨로 묻혀 있다가 이듬해 봄에 싹을 틔웁니다. 민들레, 냉이, 엉겅퀴는 뿌리로 겨울을 납니다. 추운 바람을 견디기 위해 잎을 땅바닥에 낮게 깔고 땅속 깊이 뿌리를 내려 겨울을 납니다. 그밖에 달리아, 수선화, 튤립은 알뿌리(뿌리가 알처럼 뭉쳐진 것)로, 감자, 토란, 백합은 땅속줄기로 겨울나기를 합니다.

*땅속줄기: 땅속에 묻혀 있는 줄기. 감자, 양파 같은 식물이 있다.

1 다음 설명에 알맞은 낱말을 윗글에서 찾아 쓰세요. | 어휘 |

(1) 알에서 나온 뒤 아직 다 자라지 않은 벌레.

_____

(2) 벌레가 번데기로 될 때 실을 내어 제 몸을 둘러 싼 껍데기.

_____

2 이 글의 중심 내용은 무엇인가요? | 주제 |

① 동물들은 여러 방법으로 겨울나기를 한다.
② 식물들은 여러 방법으로 겨울나기를 한다.
③ 겨울은 동물과 식물이 살기에 아주 불편하다.
④ 동물들의 겨울나기가 식물들의 겨울나기보다 더 훌륭하다.
⑤ 동물과 식물들은 자기에게 맞는 방법으로 겨울나기를 한다.

3 동물들이 겨울잠을 자는 이유는 무엇인가요? | 내용 파악 |

① 자신을 해치려는 동물들을 피하려고.
② 날씨가 춥고 먹이를 구하기 어려워서.
③ 겨울에는 해가 짧아 잠이 많아져서.
④ 새끼를 낳기 전에 몸을 쉬려고.
⑤ 몸집을 키우려고.

4 빈칸에 알맞은 말을 넣어 표를 완성하세요. | 내용 파악 |

5 이 글의 내용과 다른 것을 고르세요. | 내용 파악 |

① 겨울잠에는 깊은 잠과 얕은 잠, 두 가지가 있다.

② 나무의 겨울눈은 나뭇가지에 내린 눈을 말한다.

③ 개와 고양이는 털갈이를 하여 겨울을 난다.

④ 잠자리는 물속에서 겨울을 난다.

⑤ 채송화는 씨로 겨울을 난다.

6 사람들의 겨울나기 모습으로 바르지 않은 것을 고르세요. | 추론 |

① 방을 따뜻하게 하려고 난로를 꺼낸다.

② 겨울 동안 먹을 김장을 한다.

③ 날씨가 추워서 집 밖에는 절대 나가지 않는다.

④ 털장갑, 털모자, 두꺼운 외투를 준비한다.

⑤ 내복을 입는다.

　산들바람이 부는 봄이 오면 산과 들에는 여러 가지 꽃이 피어납니다. 꽃은 식물에서 매우 중요한 역할을 합니다. 그만큼 구조도 복잡합니다.

　꽃은 꽃받침, 꽃잎, 수술과 암술로 이루어져 있습니다. 꽃받침은 꽃의 가장 바깥에 있어, 꽃잎을 보호합니다. 꽃잎은 꽃을 이루는 하나하나의 잎으로, 수술과 암술을 보호합니다. 수술은 꽃가루를 만드는 꽃밥과 이를 받치고 있는 수술대로 이루어져 있고, 암술은 암술머리, 암술대, 씨방으로 나누어져 있습니다.

　수술에서 꽃가루를 만들면, 암술은 그 꽃가루를 받아 열매를 맺습니다. 암술대는 암술머리에서 받은 꽃가루를 씨방으로 전달합니다. 씨방 속의 밑씨가 꽃가루와 만나면 수정이 됩니다. 그러면 씨방은 자라서 열매가 되고, 밑씨는 씨앗이 됩니다.

　꽃은 모양에 따라 몇 가지로 나뉩니다. 꽃잎의 모양에 따라서 나팔꽃이나 호박꽃처럼 꽃잎 전체가 한 장으로 되어 있으면 통꽃, 벚꽃이나 장미꽃처럼 꽃잎이 여러 장으로 이루어져 있으면 갈래꽃이라고 합니다. 꽃이 질 때, 통꽃은 꽃잎이 모두 한 번에 떨어지고, 갈래꽃은 꽃잎이 한 장씩 떨어집니다.

　꽃의 구조에 따라 나뉘기도 합니다. 꽃잎, 꽃받침, 수술, 암술이 모두 있으면 갖춘꽃이라고 합니다. 나팔꽃, 벚꽃, 장미, 무궁화는 갖춘꽃입니다. 반면에 네 가지 중 어느 하나라도 없으면 안갖춘꽃이라고 합니다. 맨드라미는 꽃잎이 없고 튤립은 꽃받침이 없는 안갖춘꽃입니다.

* 수정 : 수술의 꽃가루와 암술이 합쳐져서 씨를 만드는 일.

1 이 글에서 가장 중요한 낱말은 무엇인가요? | 핵심어 |

① 암술   ② 수술

③ 꽃가루   ④ 꽃

⑤ 갖춘 꽃

2 그림을 보고 물음에 답하세요.

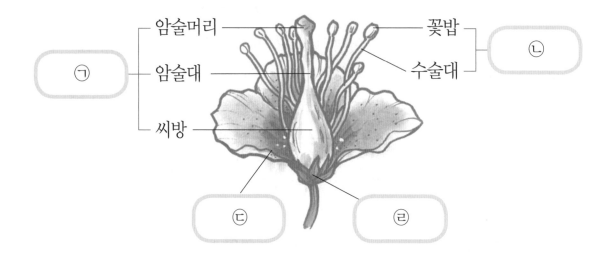

(1) ㉠ ~ ㉣이 모두 있으면 갖춘꽃입니다. 각 부분의 이름을 쓰세요. | 내용 파악 |

㉠ _____   ㉡ _____

㉢ _____   ㉣ _____

(2) 암술 밑에 있는 주머니 모양의 부분으로, 속에는 밑씨가 들어 있습니다. 그림에서 찾아 이름을 쓰세요. | 적용 |

_____

3 이 글의 내용과 <u>다른</u> 것을 고르세요. | 내용 파악 |

① 꽃받침은 꽃잎을 보호한다.

② 꽃잎은 암술과 수술을 보호한다.

③ 꽃가루를 만드는 곳은 암술머리다.

④ 암술은 암술머리, 암술대, 씨방으로 나눌 수 있다.

⑤ 밑씨와 꽃가루가 만나면 수정이 된다.

4 꽃은 모양과 구조에 따라 종류가 나뉩니다. 설명에 알맞은 이름을 글에서 찾아 쓰세요. | 내용 파악 |

(1) 꽃잎의 모양에 따라

① 꽃잎 전체가 한 장으로 되어 있다.

_____

② 꽃잎이 여러 장으로 되어 있다.

_____

(2) 꽃의 구조에 따라

① 꽃잎, 꽃받침, 수술, 암술을 모두 갖추었다.

_____

② 꽃잎, 꽃받침, 수술, 암술을 모두 갖추지는 않았다.

_____

　　학교 분실물 보관함에는 잃어버리고도 찾아가지 않은 학용품이 많이 있습니다. ㉠ _____ 교실에서도 버려진 학용품을 쉽게 볼 수 있습니다. 학용품은 부모님께서 힘들게 버신 돈으로 사 주신 것입니다. 따라서 우리는 학용품을 아껴 써야 합니다.

　　학용품을 아껴 쓰려면 어떻게 해야 할까요?

　　첫째, 학용품에 이름을 씁니다. 지우개, 연필, 수첩 등에 이름을 써 두면 잃어버렸을 때 쉽게 찾을 수 있습니다. 또 자기 물건이라는 생각이 들어서 학용품을 더 소중히 다루게 됩니다.

　　둘째, 쓰고 남은 학용품은 잘 보관합니다. 통합 시간이 끝나고 나면 버려진 색종이나 도화지 등으로 쓰레기통이 가득 찹니다. 그중에는 못 쓰게 된 것도 있지만 재활용이 가능한 학용품도 있습니다. 재활용이 가능한 것과 남은 학용품은 잘 보관해 두었다가 다시 씁니다. 그러면 쓰레기도 줄이고 자원도 절약할 수 있습니다.

　　셋째, 학용품으로 장난을 치지 않습니다. 칼로 지우개를 자르거나, 공책을 찢어서 딱지를 만드는 친구들이 있습니다. 별생각 없이 이런 행동을 반복하다 보면 물건의 소중함을 모르게 되고, 낭비하는 습관이 생길 수 있습니다.

　　학용품은 학생에게 꼭 필요한 물건입니다. ㉡ 학용품을 아껴 쓰면 낭비하는 습관을 고칠 수 있고, 자원도 절약할 수 있습니다.

* 자원: 물건을 만드는 기본 재료.
* 낭비: 물건, 시간, 돈 들을 함부로 쓰는 일.

1 '잃어버린 물건'의 뜻을 지닌 낱말을 글에서 찾아 쓰세요. |어휘|

2 ㉠에 들어갈 가장 알맞은 낱말을 고르세요. |어휘|

① 그래서   ② 그러나   ③ 왜냐하면
④ 그리고   ⑤ 그러면

3 학용품을 아껴 쓰는 방법을 잘 실천한 사람은 누구인가요? |적용|

① 희수: 새로 나온 필통이 너무 예뻐서 또 샀어.
② 은호: 어제 산 지우개를 자동차 모양으로 잘랐어.
③ 정연: 잃어버려도 찾을 수 있도록 연필에 이름을 써 두었어.
④ 민재: 내 연필을 아껴 쓰려고 날마다 짝꿍에게 빌려서 썼어.
⑤ 주원: 장난감이 없어서 공책을 찢어 딱지를 접었어.

4 ㉡과 관련 있는 말입니다. '한 가지 일을 해서 여러 가지 이익을 얻는다'라는 뜻을 지닌 속담을 고르세요. |배경지식|

① 꿩 먹고 알 먹는다
② 낫 놓고 기역자도 모른다
③ 까마귀 날자 배 떨어진다
④ 도둑이 제 발 저리다
⑤ 좋은 약은 입에 쓰다

5 이 글에서 알 수 있는 내용이 <u>아닌</u> 것을 고르세요. |내용 파악|

① 학교 분실물 보관함에는 찾아가지 않은 학용품이 많이 있다.

② 학용품을 낭비하는 것은 자원을 낭비하는 일이다.

③ 남은 학용품을 보관해 두었다가 다시 쓰면 자원을 절약할 수 있다.

④ 쓰고 남은 학용품은 모았다가 한꺼번에 버린다.

⑤ 학용품은 학생에게 꼭 필요한 물건이다.

6 이 글의 처음 부분은 어떤 내용으로 시작하였나요? |내용 파악|

① 학용품의 뜻을 설명하였다.

② 학용품이 많이 버려지는 현실과 아껴 써야 하는 이유를 설명하였다.

③ 학용품을 아껴 쓰는 방법을 제시하였다.

④ 자원을 낭비하면 어떻게 되는지 설명하였다.

⑤ 분실물 보관함과 교실에 버려진 쓰레기의 양을 비교하였다.

7 이 글의 내용을 정리한 것입니다. 빈칸을 채우세요 |내용 파악|

주장	학용품을 아껴 쓰자.
까닭	학용품은 부모님께서 힘들게 버신 돈으로 사 주신 것이다.
방법	1. 학용품에 이름을 쓴다.
	2.
	3.

일기 때문에 스트레스를 받는 학생들을 주위에서 쉽게 볼 수 있습니다. "특별히 쓸 내용이 없다.", "무엇을 써야 할지 모르겠다."부터, "나의 일을 선생님께 보이기 싫다.", "왜 써야 하는지 모르겠다."라는 의견까지 이유도 다양합니다. 이토록 학생들이 스트레스를 받는 일기, 왜 써야 하는 걸까요?

일기를 쓰면 자신을 더욱 나은 사람으로 만듭니다. 하루 동안 나에게 있었던 일을 떠올려 보면서, 내가 어떻게 행동했는지 그리고 어떤 생각을 했는지 돌아보게 됩니다. 이때 잘못한 점을 반성하고 고칠 것을 다짐하여 조금씩 더 나은 사람이 되어 갑니다.

시간이 흐르고 나서 과거의 일을 떠올릴 때 도움이 됩니다. 일기는 그날 하루의 기록입니다. 먼 훗날 일기장을 읽어 보면 그날 내게 어떤 일이 어떻게 일어났는지 잘 알 수 있습니다. 또 그 일을 겪으면서 내가 생각했던 것, 느꼈던 것도 확인할 수 있습니다. 일기장은 글자로 이루어진 앨범과 같습니다.

일기를 쓰면 자신도 모르는 사이에 글쓰기 능력을 키울 수 있습니다. 어떤 일이든 많이 해 본 사람이 잘하는 것처럼, 글을 잘 쓰려면 많이 써 보는 것이 가장 중요합니다. 일기를 꾸준히 쓰면 생각을 정리하고 글로 표현하는 힘이 길러집니다.

날마다 일기를 쓰는 것은 결코 쉬운 일이 아닙니다. 그러나 꾸준히 일기를 쓰면 자신을 발전시킬 수 있습니다.

* 앨범: 사진을 정리하고 보존하기 위한 책. ◉ 사진첩

1 이 글에서 글쓴이가 하려는 말은 무엇인가요? | 주제 |

□□ 를 꾸준히 쓰자

2 글쓴이가 주장하는, 일기의 좋은 점을 <u>잘못</u> 말한 사람을 찾으세요. | 내용 파악 |

① 민주: 하루를 돌아보며 잘못된 행동을 반성할 수 있어.

② 진형: 스트레스를 받지 않아서 좋아.

③ 태현: 나중에 그날 어떤 일이 있었는지 확인할 수 있어.

④ 성균: 자신을 더 나은 사람으로 만들 수 있어.

⑤ 지윤: 글쓰기 실력을 키울 수 있어.

3 '마음을 굳게 정함'의 뜻을 지닌 낱말을 이 글에서 찾아 쓰세요. | 어휘 |

□□

4 일기를 가장 잘 이해한 사람을 찾으세요. | 적용 |

① 윤지: 오늘은 일기에 쓸 만큼의 착한 일을 하지 않았어.

② 재현: 일기는 어른들께 칭찬받은 일을 중심으로 쓰는 것이 좋아.

③ 태균: 일기를 쓰면서 오늘 일을 돌아보니까 내가 현주에게 잘못한 거 같아.

④ 주연: 일기는 선생님께 보이기 위해 쓰는 거야.

⑤ 윤선: 일기를 멋지게 쓰려고 거짓말을 지어내다 보니 생각하는 힘이 길러졌어.

5 다음 글을 읽고 가장 잘 쓴 일기를 찾으세요. |적용|

> 일기는 자신이 겪었던 일 가운데 가장 기억에 남는 이야기 하나에, 그 일을 겪었을 때 들었던 생각이나 느낌을 쓴 글입니다.

① 내 방을 청소했다. 창문을 활짝 열고 책상을 정리했다. 걸레질도 하고 나니 방이 깨끗해졌다. 방이 깨끗해지니까 내 마음도 깨끗해지는 것 같았다.

② 체육 시간에 줄넘기를 했다. 진영이는 스무 개나 했다. 윤주는 열세 개 했다. 나는 다섯 개밖에 못 넘었다.

③ 아침에 일어나 학교에 갔다. 집에 와서 저녁을 먹었다. 부모님께 인사를 드리고 잠을 잤다.

④ 감기에 걸려 병원에 갔다. 주삿바늘이 무척 컸다. 간호사 누나를 피해서 도망갔다.

⑤ 화가 난다. 너무 화가 난다. 오늘처럼 화가 났던 날은 없었다.

6 다음 일기 가운데 이순신 장군이 쓴 일기의 이름을 찾으세요. |배경지식|

① 안네의 일기　　　　　② 그림일기
③ 난중일기　　　　　　④ 독서일기
⑤ 관찰일기

아직도 세계 여러 나라에서는 물이 부족해 잘 씻지도 못하고, 더러운 물을 마셔 병에 걸리는 사람들이 있습니다. 그렇다면 우리나라는 물이 넉넉할까요? 물이 많이 부족하지는 않지만 그렇다고 넉넉하지도 않습니다. 그런데 우리는 물을 쉽게 얻을 수 있고, 물값이 싸다 보니 소중함을 잘 모르는 경우가 많습니다. 물을 낭비하다 보면 우리나라도 물 부족으로 어려움을 겪게 될 수 있습니다. 그러므로 어렸을 때부터 물을 아껴 쓰는 습관을 키워야 합니다.

물을 아껴 쓰는 방법은 여러 가지가 있습니다.

물은 필요한 만큼만 받아서 씁니다. 세수나 양치를 할 때는 세숫대야나 컵에 물을 받아서 사용합니다. 세숫대야나 컵을 사용하면 흐르는 물로 할 때보다 훨씬 적은 양으로 세수와 양치를 할 수 있습니다.

물을 재활용합니다. 세숫대야에 받아서 세수한 물로 발을 씻습니다. 그리고 나서 새 물을 조금 받아 헹굽니다. 귀찮은 일일 수도 있지만 이러한 작은 행동이 물을 아끼는 데 큰 도움이 됩니다.

세제를 적게 씁니다. 몸을 씻을 때나 머리를 감을 때 쓰는 세제의 사용량을 줄입니다. 세제를 많이 사용하면 비눗물을 헹궈 낼 때 물을 많이 쓰게 됩니다. 또 세제로 더러워진 물은 자연을 오염시켜 동물과 식물은 물론 사람의 생명도 위협합니다.

물을 절약하는 방법은 많습니다. 그 가운데 위의 방법들은 우리가 쉽게 지킬 수 있는 것입니다. 물을 받아서 쓰고, 재활용하고, 세제를 적게 쓰는, 작은 일부터 실천하여 물을 아껴 쓰는 습관을 지녀야 합니다.

1 이 글의 중심 내용은 무엇인가요? |주제|

① 시원한 물을 마시면 건강에 좋다.

② 우리나라는 원래 물이 부족하다.

③ 오염된 물 때문에 우리 생명이 위험하다.

④ 물을 아껴 쓰자.

⑤ 물을 함부로 버리지 말자.

2 다음의 뜻을 지닌 낱말을 글에서 찾아 쓰세요. |어휘|

(1) 다 쓰거나 못 쓰게 된 물건을 다른 용도로 바꾸어 사용하는 것.

(2) 비누처럼 때를 빼는 데 쓰는 물질.

3 이 글의 내용과 <u>다른</u> 것을 고르세요. |내용 파악|

① 우리나라는 물이 넉넉하다.

② 물을 낭비하지 말아야 한다.

③ 양치할 때는 물을 컵에 받아서 쓰자.

④ 세제를 너무 많이 쓰지 말자.

⑤ 더러워진 물은 자연을 오염시킨다.

4 이 글에 대한 설명으로 옳지 <u>않은</u> 것을 고르세요. | 내용 파악 |

① 주장하는 글이다.

② 물이 깨끗해지는 과정을 설명했다.

③ 물을 아껴 쓰기 위한 실천 방법을 제시했다.

④ 다른 사람을 설득하기 위하여 쓴 글이다.

⑤ 물을 아껴 써야 하는 까닭이 드러나 있다.

5 이 글의 내용을 정리한 것입니다. 빈칸을 채우세요. | 내용 파악 |

주장	☐ 을 아껴 쓰자.
방법	1. 물을 필요한 만큼 받아서 쓴다. 2. 물을 ☐☐☐ 한다. 3. ☐☐ 를 적게 쓴다.

6 물을 아껴 쓰는 방법을 가장 바르게 실천한 사람을 고르세요. | 적용 |

① 승원: 수돗물을 틀어 놓고 세수하고 발을 닦았어.

② 재은: 샤워하는 시간을 줄이고, 세제도 조금만 썼어.

③ 윤후: 샴푸를 많이 써서 머리를 깨끗이 감고 물로 여러 번 헹궜어.

④ 나은: 너무 목이 말랐지만 물 대신 콜라를 마셨어.

⑤ 수혁: 수돗물을 조금만 틀어 놓고 양치질을 했어.

갓 태어난 아기는 혼자 할 수 있는 일이 거의 없습니다. 먹는 것, 입는 것, 씻는 것 모두 부모의 도움을 받아야 합니다. 하지만 이런 도움을 평생 받을 수는 없습니다. 우리는 자라면서 스스로 하는 일을 점점 늘려야 합니다.

첫째, 자기 몸을 깨끗이 씻습니다. 밖에 나갔다가 집에 들어오면 가장 먼저 손과 발을 씻습니다. 밥이나 간식을 먹고 나서는 부모님께서 시키지 않아도 이를 잘 닦습니다. 또 목욕할 때는 혼자서도 구석구석 몸을 깨끗이 씻습니다.

둘째, 정리정돈을 잘합니다. 사용한 물건을 원래 있던 자리에 꽂으면 나중에 다시 찾을 때 도움이 됩니다. 책을 읽고 나서 바로 책꽂이에 꽂습니다. 장난감이나 학교에서 쓴 준비물도 제자리에 잘 정리해 두면 필요할 때 쉽게 찾을 수 있습니다.

셋째, 자기 방은 자기가 청소합니다. 부모님은 우리를 위해 하시는 일이 많습니다. 자기 방은 스스로 청소해서, 부모님의 짐을 덜어 드리는 것이 좋습니다.

넷째, 학교에서 쓸 준비물을 스스로 챙깁니다. 학교에서는 다음 날 필요한 물건이 무엇인지 알림장에 잘 적습니다. 집에 도착하면 잊기 전에 준비물을 미리 챙겨 둡니다. 집에 없는 물건은 부모님께 말씀을 드려 미리 준비합니다.

마지막으로, 숙제를 혼자 합니다. 부모님께 이것저것 여쭤보며 숙제를 하면 혼자 일을 해 나가는 능력을 기르기 힘듭니다. 모르는 부분도 스스로 찾아봅니다. 찾아보아도 알맞은 자료를 얻을 수 없을 때만 부모님께 여쭤봅니다.

㉠ '마마보이', '파파걸'이라는 말이 있습니다. 스스로 하는 습관을 어릴 때부터 기르지 않으면 커서 이와 같은 부끄러운 별명을 얻을 수 있습니다. 자기 일을 스스로 하는 것은 꼭 지녀야 할 습관입니다.

1 빈칸에 알맞은 낱말을 넣어 이 글의 제목을 완성하세요. | 제목 |

자기 일은 ☐☐로 하자

2 이 글의 내용과 다른 것을 찾으세요. | 내용 파악 |

① 갓 태어난 아기는 혼자 할 수 있는 일이 거의 없다.

② 외출 후에는 손과 발을 잘 씻는다.

③ 자기 방은 스스로 청소하여 부모님의 짐을 덜어 드린다.

④ 다음 날 필요한 준비물을 챙기기 위해 알림장을 잘 적는다.

⑤ 준비물 가운데 집에 없는 물건은 스스로 만든다.

3 '오랫동안 반복하여 몸에 밴 행동'의 뜻을 지닌 낱말을 이 글에서 찾아 쓰세요.
| 어휘 |

☐☐

4 ㉠의 알맞은 뜻을 찾으세요. | 배경지식 |

① 어머니를 닮은 아들, 아버지를 닮은 딸.

② 어머니를 좋아하는 아들, 아버지를 좋아하는 딸.

③ 세상에서 부모님을 가장 좋아하는 자식.

④ 어떤 일도 혼자 하지 못하고 부모님의 도움을 받으려는 사람.

⑤ 어떤 일도 부모님의 도움 없이 혼자 하려는 사람.

5 이 글의 짜임으로 올바른 것을 찾으세요. | 구조 |

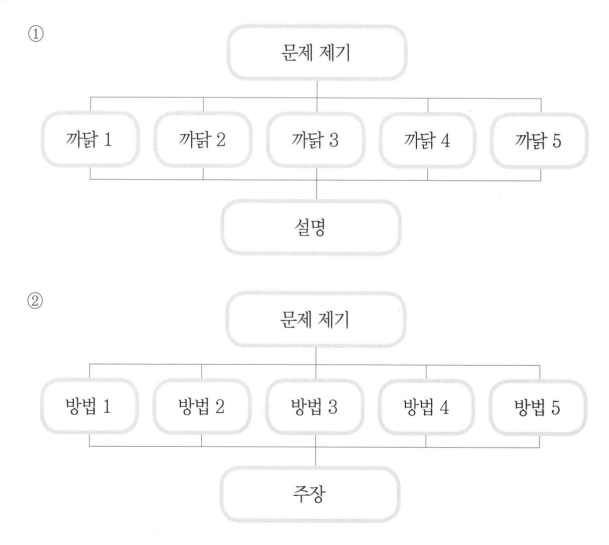

* 문제 제기: 어떤 문제 등을 토의할 대상으로 내어놓음.

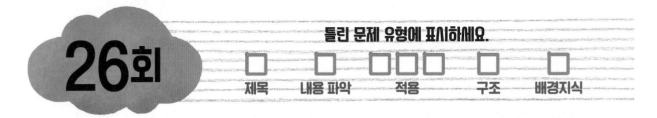
　불이 나서 집이나 물건을 태우는 것을 화재라고 합니다. 화재가 발생하면 사람들은 놀라서 우왕좌왕하다가 큰 피해를 당하기도 합니다. 때로는 목숨이나 힘들여 모은 재산을 잃기도 합니다. 그래서 우리는 화재가 발생했을 때 해야 할 일을 잘 익혀 두었다가, 그런 일이 실제로 일어나면 침착하게 행동해야 합니다.

　첫째, "불이야" 하고 크게 외칩니다. 불이 난 사실을 알려 사람들이 불을 피하도록 돕습니다. 주위에 화재경보기가 있으면 경보기의 벨을 누릅니다. 혼자서 불을 끄려고 하다가는 불이 더 크게 번져 위험할 수 있습니다.

　둘째, 젖은 수건으로 코와 입을 막고 자세를 낮추어 침착하게 비상구를 따라 밖으로 나옵니다. 화재가 나면 불과 함께 연기가 생깁니다. 이 연기는 몸에 해롭기 때문에 들이마시면 절대 안 됩니다. 연기는 공기보다 가벼워서 위로 올라가므로 몸을 최대한 낮춰 이동해야 합니다.

　셋째, 아파트나 고층 건물에서 화재가 발생하면 엘리베이터를 타지 말고 계단을 이용합니다. 전기가 끊겨 엘리베이터가 멈추면 꼼짝없이 그 안에 갇혀 더 위험하기 때문입니다.

　넷째, 즉시 119에 신고합니다. 화재가 발생한 장소가 어디인지, 불이 어떻게 났는지, 그 규모가 어느 정도인지 등 알고 있는 내용을 자세히 알려 주면 불을 빨리 끄는 데 도움이 됩니다.

　화재가 나면 사람들은 무섭고 두려워서 흥분하게 됩니다. 위험한 상황에

* 우왕좌왕하다가: 어떻게 할지 몰라서 이리저리 왔다 갔다 하다가.
* 화재경보기: 불이 났을 때 자동적으로 신호를 울리는 장치.

서 흥분하면 판단력이 떨어져 잘못된 선택을 하게 되고, 그로인해 생명이 위태로워질 수도 있습니다. 화재가 났을 때 할 일을 잘 익혀 두어 화재 발생시에 침착하게 행동해야 합니다.

1 빈칸에 알맞은 낱말을 넣어 이 글의 제목을 완성하세요. |제목|

가 났을 때 할 일

2 화재가 발생했을 때 해야 할 일로 바르지 <u>않은</u> 것을 고르세요. |내용 파악|

① 즉시 119에 신고한다.

② "불이야" 하고 크게 외친다.

③ 혼자서라도 최대한 빨리 불을 끈다.

④ 엘리베이터를 타지 말고 계단을 이용한다.

⑤ 젖은 수건으로 코와 입을 막는다.

3 다음 중 119에 신고를 가장 잘한 사람은 누구인가요? |적용|

① 지은: 성수동인데요, 불이 났어요. 빨리 와 주세요.

② 동건: 성수3동 진달래아파트예요. 불이 났어요.

③ 미림: 성수3동 진달래아파트 7층에 불이 났어요.

④ 휘재: 성수3동 진달래아파트 7층에서 가스 폭발로 불이 났어요.

⑤ 동해: 우리 집에 불이 났어요. 빨리 와 주세요.

4 화재가 발생했을 때 해야 할 일을 가장 바르게 말한 사람을 고르세요. |적용|

① 서영: 불이 나면 "불이야!" 하고 크게 외쳐야 해. 만약 그 소리를 듣는 사람이 없으면 사람들이 들을 때까지 그 자리에서 계속 외쳐야 해.

② 주원: 아파트에서 불이 났다면 재빨리 수건을 적셔서 입과 코를 막아야 해. 그리고 나서 계단을 이용해 아래층으로 내려와야 해.

③ 인정: 옆집에 불이 나면 우리 집에 불이 옮겨붙지 않도록 벽에 물을 뿌려야 해. 그래도 불이 번지면 얼른 119에 신고해야 해.

④ 효원: 아파트에 불이 나면 119에 전화를 하고, 소방차가 올 때까지 집 안에서 기다려야 해.

⑤ 민수: 집에 불이 나면 외출하신 부모님께 먼저 알려야 해. 그런 뒤에 수건을 적셔 코와 입을 막고 밖으로 나와야 해.

5 이 글의 짜임으로 올바른 것을 찾으세요. |구조|

①

화재가 났을 때 해야 할 일을
알아 두자.

화재가 났을 때 해야 할 행동
네 가지.

화재가 났을 때 할 일을
익혀 두어 침착하게 행동하자.

②

화재의 원인을 분명히 밝히자.

화재가 났을 때 해야 할 행동
네 가지.

화재가 났을 때 할 일을
익혀 두어 침착하게 행동하자.

6 '위험한 일이 일어났을 때 빨리 나갈 수 있게 터놓는 문'을 비상구라고 합니다. 다음 중 비상구를 나타내는 표지판은 어느 것인가요? | 배경지식 |

①    ②

③   ④

7 다음 낱말을 알맞게 넣어 글을 완성하세요. | 적용 |

소방관	소방차	소화기	소방서

불을 끄거나 불이 나지 않게 미리 막는 일을 하는 곳이 ☐ 다. 이곳에 가면 화재가 났을 때 우리의 생명과 재산을 지켜 주기 위해 열심히 일하는 ☐ 이 있다. 여기서 우리는 ☐ 로 불을 끄는 방법을 배우거나, ☐ 를 타는 경험을 해 볼 수도 있다.

[가]　우리는 가끔, 신호등이 빨간불일 때나 횡단보도가 아닌 곳에서 길을 건너는 사람을 볼 수 있습니다. 이런 행동은 생명을 잃을 만큼 위험합니다. 소중한 생명을 지키고 사고를 예방하려면 교통안전 수칙을 반드시 지켜야 합니다.

[나]　찻길을 건널 때에는 횡단보도를 이용합니다. 횡단보도는 사람이 차도를 건널 수 있도록 만든 길입니다. 횡단보도가 아닌 차도에서 길을 건너면 큰 사고가 날 수 있습니다. 또 횡단보도라고 하더라도 좌우에서 차가 오는지 잘 살피고 건너야 합니다.

[다]　교통 신호를 잘 지킵니다. 신호등이 빨간불이거나 초록불이 깜박거릴 때는 횡단보도를 건너지 않습니다. 초록불이 켜졌어도 차가 완전히 멈추었는지 확인한 다음에 손을 들고 길을 건넙니다.

[라]　버스나 지하철에서는 조용히 합니다. 버스와 지하철은 여러 사람이 함께 이용하는 교통수단입니다. 버스나 지하철에서 큰 소리로 떠들면 다른 사람에게 방해가 됩니다. 또 사람이 별로 없다고 뛰거나 장난을 치면 자신이나 남이 다칠 수 있습니다.

[마]　차가 다니는 길에서 놀지 않습니다. 차도에서는 운전자가 속도를 내서 운전합니다. 그래서 살짝 부딪치더라도 크게 다칠 수 있습니다. 따

* 교통안전: 교통질서를 잘 지켜서 사고를 미리 막는 일.
* 수칙: 지키기로 정한 규칙.
* 육교: 찻길이나 철도 위를 가로질러 사람들이 건널 수 있도록 놓은 다리.

라서 차가 다니는 길에서는 친구들과 장난치거나 공놀이 등을 하지 말아야 합니다.

[바] 눈·비가 오는 날이나 밤에는 밝은색 옷을 입습니다. 이런 때는 운전자의 눈에 사물이 잘 보이지 않습니다. 그렇기 때문에 운전자의 눈에 잘 띄도록 밝은 옷을 입으면 사고를 막을 수 있습니다.

1 글쓴이의 주장은 무엇인가요? | 주제 |

① 소중한 생명을 지키자.
② 횡단보도를 이용하자.
③ 교통 신호를 잘 지키자.
④ 교통안전 수칙을 지키자.
⑤ 차가 다니는 길에서 놀지 말자.

2 이 글에 어울리지 <u>않는</u> 문단을 고르세요. | 구조 |

① [가]   ② [나]   ③ [다]
④ [라]   ⑤ [마]   ⑥ [바]

3 이 글의 내용과 <u>다른</u> 것을 고르세요. | 내용 파악 |

① 신호등이 빨간불이거나 초록불이 깜박일 때는 길을 건너지 않는다.
② 횡단보도가 아닌 차도에서 길을 건너면 사고가 날 수 있다.
③ 차가 다니는 길에서는 오른쪽, 왼쪽을 잘 살피면서 논다.
④ 초록불이 켜졌어도 차가 완전히 멈춘 다음에 길을 건넌다.
⑤ 비가 오는 날은 밝은색 옷을 입는다.

4 다음 중 안전하게 횡단보도를 건너지 <u>않은</u> 사람은 누구인가요? |적용|

① 주연: 녹색 어머니의 신호에 따라 횡단보도를 건넜어.

② 재학: 친구와 장난치지 않고 주위를 잘 살피면서 횡단보도를 건넜어.

③ 진영: 횡단보도에 초록불이 켜졌어도 좌우를 살핀 다음에 건넜어.

④ 수라: 횡단보도에서는 자전거에서 내려 자전거를 끌고 건넜어.

⑤ 현정: 횡단보도에 초록불이 켜지자마자 재빠르게 건넜어.

5 다음 낱말을 알맞게 넣어 글을 완성하세요. |배경지식|

보호	: 사람이 다치지 않게 지키고 보살펴 주는 것.
정문	: 건물의 앞쪽에 있는 문. ⑫ 후문
예방	: 병이나 사고가 생기지 않도록 미리 막는 것.

스쿨 존(school:학교, zone:구역)은 어린이들의 교통사고를

☐☐ 하기 위해 유치원이나 초등학교 주변에 정한 '어린이

구역'이다. 스쿨 존은 학교 ☐☐ 에서 300

미터 이내의 주변 도로를 말한다. 이곳에서는 차가 천천히 달려야

하고, 차를 함부로 세워 놓아서도 안 된다.

6 왼쪽 교통 표지판이 뜻하는 내용을 찾아 바르게 연결하세요. **| 배경지식 |**

(1)  • • 노인 보호 구역이기 때문에 차가 조심해서 다녀야 한다.

(2)  • • 차는 다니지 못하고 사람만 다닐 수 있다.

(3)  • • 찻길을 건널 때는 이 길을 이용한다.

(4)  • • 어린이 보호 구역이기 때문에 차가 조심해서 다녀야 한다.

(5)  • • 주위에 위험한 시설물이 있거나, 위험한 지역이다.

다음은 헬렌 켈러의 삶을 담은 글입니다.

[가]에는 헬렌 켈러의 전체 삶을 짧게 썼습니다. [나]에는 어린 시절, [다]에는 성인 시절을 담았습니다.

[가]

헬렌 켈러는 1880년 미국에서 태어났습니다. 켈러는 두 살이 되던 해에 심한 열병을 앓았습니다. 다행히 목숨은 건졌지만, 그 후 켈러는 보지도, 듣지도, 말하지도 못하게 되었습니다.

켈러가 일곱 살이 되었을 때, 가정 교사 앤 설리번 선생님을 만나 삶의 희망을 품기 시작하였습니다. 또 점자를 통해 글자를 익히고, 얼마 뒤에는 말하는 법도 배웠습니다. 그렇게 열심히 노력하여 마침내 대학교까지 진학하였고, 졸업 후에는 세계를 돌아다니며 ㉠ 사회적 약자를 위해 일했습니다.

[나]

볼 수도, 들을 수도, 말할 수도 없게 되자 켈러는 성격이 더욱 난폭하고 거칠어져만 갔습니다. 날마다 소리를 지르고, 발을 구르고, 울음을 터뜨렸습니다. 그러나 부모님은 포기하지 않고 켈러를 따뜻한 사랑으로 보살폈습니다.

그러던 어느 날, 부모님은 시각 장애 학교에 연락하여 켈러의 교육에 대해 상담을 받았습니다. 그 학교의 교장은 앤 설리번을 가정 교사로 소개해 주었습니다.

* 열병: 열이 심하게 나는 병.
* 난폭하고: 행동이 몹시 거칠고.
* 가정 교사: 남의 집에서 돈을 받고 그 집의 자녀를 가르치는 사람.

켈러는 일곱 살에 설리번 선생님을 만났습니다. 처음에는 다른 사람에게도 그랬던 것처럼 선생님에게 난폭하게 굴었습니다. 그러나 설리번은 인내심과 사랑으로 켈러를 따뜻하게 대했습니다. 그런 모습에 켈러는 점차 마음을 열고 선생님의 말씀을 따랐습니다.

설리번은, 차가운 물이 떨어지는 곳에 켈러의 손을 가져다 대고는, 손바닥에 '물(Water)'이라는 낱말을 써 주었습니다. 켈러는 모든 물건에 이름이 있다는 사실을 알게 되었습니다. 그리고 점자를 통해 글자를 익히기 시작했습니다. 볼 수도 들을 수도 없었기에 낱말을 배우는 것이 무척 힘들었지만 한 글자 한 글자 열심히 익혀 나갔습니다.

열 살 때는 말하는 법도 배웠습니다. 설리번은 자신의 입술과 혀를 손으로 만지게 해, 그 움직임을 켈러가 흉내 내게 했습니다. 쉬운 일은 아니었지만 수년 동안의 노력 끝에, 말을 할 수 있게 되었습니다. 그때부터 켈러는 다른 사람에게 자신의 생각을 말로 전할 수 있게 되었습니다.

설리번은 켈러를 가르치는 일이 끝난 뒤에도, 자신의 건강이 나빠지기 전까지는 켈러의 곁에 머물러 도와주었습니다.

[다]

대학 졸업 후에 헬렌 켈러는 책을 쓰고, 사람들 앞에서 강연도 했습니다. 그 내용은 대부분 약자들에게 권리와 도움을 주자는 것이었습니다.

켈러는 여성에게도 정치에 참여할 권리를 주어야 한다고 외쳤습니다. 모든 사람의 인권이 존중 받아야 한다고도 주장하였습니다. 특히 가난한 사람들, 착취당하는 노동자들을 위해 목소리를 높였습니다. 또 자신처럼 앞을 못 보는 사람들을 위해, 사람들이 시각 장애인 단체에 기부하도록 온 힘을

* 인내심: 괴로움이나 어려움 등을 참고 견디는 마음.
* 강연: 여러 사람 앞에서 한 가지 주제를 두고 자기의 경험, 생각, 지식 따위를 말하는 것.

다했습니다. 켈러는 세계를 돌아다니며 사람들에게 자신의 생각을 전했습니다. ⓒ 삼중고(三重苦)를 딛고 일어선 켈러가 강연을 할 때마다 많은 사람이 희망을 얻었습니다.

켈러는 여든여덟의 나이에 조용히 눈을 감았습니다.

* 착취: 사용자(돈을 주고 일을 시키는 사람)가 정당한 대가를 주지 않고 노동자의 노동력을 이용하는 일.
* 기부: 다른 사람을 돕기 위해 돈이나 물건을 내어 줌.
* 약자: 힘이나 세력이 약한 사람. ⑪ 강자
* 인권: 사람이 사람답게 살 권리.

1 '시각 장애인을 위해, 손으로 더듬어 읽도록 만든 문자'라는 뜻을 지닌 낱말을 [가]에서 찾아 쓰세요. | 어휘 |

2 이 글에서 답을 찾을 수 <u>없는</u> 질문을 찾으세요. | 내용 파악 |

① 켈러는 어느 나라에서 태어났나?

② 켈러의 가정 교사는 누가 소개해 주었나?

③ 켈러는 대학교를 졸업한 뒤 어떤 일을 했나?

④ 켈러가 삼중고를 겪게 된 까닭은 무엇인가?

⑤ 설리번이 떠난 뒤 누가 켈러를 도와주었나?

3 이 글의 내용과 같은 것을 찾으세요. | 내용 파악 |

① 켈러는 어렸을 때부터 다른 사람을 잘 배려했다.
② 켈러는 글쓰기를 배워 글자를 예쁘게 썼다.
③ 켈러는 스무 살 때 설리번을 만났다.
④ 켈러가 처음 배운 낱말은 '물'이었다.
⑤ 켈러는 평생 들을 수도, 말을 할 수도 없었다.

4 ⓒ의 '삼중고(三重苦)'는 '한꺼번에 겪는 세 가지 고통'이라는 뜻입니다. 헬렌 켈러의 삼중고는 무엇이었나요? [가]에서 찾아 쓰세요. | 내용 파악 |

(1)
_____

(2)
_____

(3)
_____

5 다음은 헬렌 켈러가 남긴 말입니다. 빈칸에 알맞은 이름을 찾아 쓰세요. | 추론 |

> "기적이 일어나 내가 사흘 동안 앞을 볼 수 있게 된다면, 제일 먼저, 어
>
> 린 시절 내 곁에 와서 바깥세상을 보여 주신, 사랑하는 ⬚
>
> 선생님의 얼굴을 오랫동안 바라보고 싶습니다."

⬚ ⬚⬚⬚

6 헬렌 켈러의 일생을 정리했습니다. 순서에 맞게 번호를 쓰세요. | 내용 파악 |

> ① 말하는 법을 배웠다.
>
> ② 설리번 선생님을 만났다.
>
> ③ 열병에 걸려 삼중고를 겪었다.
>
> ④ 대학교에 입학했다.
>
> ⑤ 약자들을 위해 강연을 하고 글을 썼다.
>
> ⑥ 점자로 글을 익혔다.

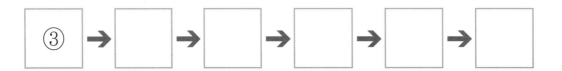

③ → □ → □ → □ → □ → □

7 이 글을 읽고 친구들이 배우거나 느낀 점을 이야기했습니다. 어울리지 <u>않는</u> 이야기를 한 사람은 누구인가요? | 감상 |

① 민주: 켈러는 설리번 선생님 덕분에 많은 것을 깨우쳤어. 나도 설리번 선생님 같은 분을 만났으면 좋겠어.

② 형진: 켈러는 세계를 돌아다니며 여행을 했어. 나도 세계를 여행하면서 돈을 많이 벌고 싶어.

③ 국현: 켈러는 가난한 사람들이나 장애인들을 돕기 위해 일했어. 나도 어려운 이웃을 돕는 사람이 되고 싶어.

④ 창민: 장애가 있는 켈러는 생활하면서 얼마나 불편했을까? 그럼에도 열심히 공부하여 존경받는 사람이 되다니 정말 대단해.

⑤ 은혁: 보지도, 듣지도 못하는데 글을 쓰고 말을 한 건 엄청난 노력 때문일 거야. 나도 내 꿈을 이루기 위해 열심히 노력할래.

8 헬렌 켈러는 성인이 된 뒤 ㉠'사회적 약자'를 위해 일했습니다. 다음 중 '사회적 약자'가 <u>아닌</u> 사람은 누구일까요? | 추론 |

① 홀로 사는 가난한 노인.

② 하루하루 먹을 것을 걱정해야 할 만큼 가난한 사람.

③ 임금도 제대로 받지 못하고 착취당하는 노동자.

④ 나쁜 사건이나 사고를 보고 기사를 쓰는 기자.

⑤ 앞을 보지 못하거나, 소리를 들을 수 없는 등 장애를 지닌 사람.

9 다음은 헬렌 켈러처럼 장애를 극복한 사람을 소개한 글입니다. 잘 읽고, 누구에 대한 글인지 고르세요. | 배경지식 |

> 독일에서 가난한 음악가의 아들로 태어났다. 어렸을 때부터 작곡과 피아노를 배웠고, 열네 살에 궁중 오르간 연주자가 되었다. 청년 시절, 귀가 들리지 않게 되었다. 그래도 용기를 잃지 않고 열심히 음악 활동을 하였다.
>
> 〈운명 교향곡〉, 〈전원 교향곡〉, 〈월광 소나타〉 등을 작곡했으며, '음악의 성인'이라는 뜻의 '악성'이라는 별명이 붙었다.
>
> * 교향곡: 여러 악기를 함께 연주하는, 규모가 큰 음악.
> * 소나타: 하나 또는 소수의 악기를 연주하는 음악.
> * 성인: 덕과 지혜가 뛰어나 다른 사람들의 스승이 될 만큼 위대한 사람.

① 모차르트　　　　　② 바흐

③ 슈베르트　　　　　④ 베토벤

⑤ 헨델

다음은 덴마크의 작가 한스 크리스티안 안데르센의 삶을 쓴 글입니다.
[가]에는 안데르센의 전체 삶을 짧게 썼습니다. [나], [다], [라]에는 각각
어린 시절, 청소년 시절, 젊은 시절의 이야기를 담았습니다.

[가]

한스 크리스티안 안데르센은 1805년 덴마크 한 도시의 가난한 가정에서
태어났습니다. 아버지가 일찍 세상을 떠나, 안데르센은 어려서부터 일을 해
야 해서 더는 학교에 다닐 수 없었습니다. 안데르센은 돈을 벌기 위해 공장
에서 일하면서 연극배우가 되겠다는 꿈을 키워 나갔습니다.

열네 살 때, 안데르센은 ㉠ 꿈을 이루려고 혼자서 코펜하겐(덴마크의 수
도)으로 떠났습니다. 하지만 재능이 없음을 느끼고 배우의 길을 포기해야
했습니다. 그 후, 정치인 요나스 콜린의 도움으로 다시 학교에 다닐 수 있게
되었습니다.

안데르센은 대학에서 문학을 공부하며 시, 소설, 희곡 등을 썼습니다. 〈즉
흥시인〉이라는 소설이 인기를 끌면서 안데르센의 이름이 세상에 알려졌고,
서른 살이 되면서는 동화를 쓰기 시작했습니다. 그 후 〈못생긴 아기 오리〉,
〈인어 공주〉, 〈성냥팔이 소녀〉 등 제목만 들어도 알 수 있는 유명한 작품을
많이 남겼습니다.

70세가 되던 해, 안데르센은 덴마크 왕에게서 훈장을 받았습니다. 그로
부터 4개월 뒤, 안데르센이 세상을 떠났을 때는 ㉡ 덴마크의 왕과 왕비까지

* 희곡: 연극 공연을 하려고 쓴 글. 배우의 대사, 표정, 동작 들이 쓰여 있다.
* 훈장: 나라를 위해 큰일을 한 사람에게 주는 상.

장례식에 참석했습니다.

[나]

어린 안데르센은 시 짓는 일에 재미를 붙여 날마다 공책에 무언가를 끄적였습니다. 그 모습을 보고 어머니가 말했습니다.

"우리 이웃에 시인 가족이 산다더라. 알고 있니?"

안데르센은 ⓒ 귀가 번쩍 뜨였습니다. 안데르센은 며칠을 벼르다 용기를 내어 시인의 집을 찾아갔습니다. 그러나 안타깝게도 시인은 이미 세상을 떠났고, 시인의 부인과 여동생만 그 집에 살고 있었습니다. 안데르센은 시인에 대해 궁금한 점을 이것저것 물었습니다.

그날 이후 안데르센은 시간만 나면 시인의 집에 찾아갔습니다. 시인의 집에서 문학 작품에 관한 이야기를 듣고, 책도 빌려 읽었습니다. 여러 문학책 가운데서도 셰익스피어의 희곡집을 가장 좋아했습니다. 책을 읽느라 밥 먹는 것도 잊을 정도였습니다.

안데르센은 희곡 작품들의 내용을 기억해 두었다가 혼자 인형극을 하기도 했습니다. 자기가 상상한 내용을 덧붙여서 직접 희곡도 썼습니다. 그렇게 안데르센은 연극배우의 꿈을 키워 갔습니다.

[다]

열네 살이 되던 해, 안데르센은 연극배우의 꿈을 이루기 위해 코펜하겐으로 떠났습니다.

어렵게 왕립 극장에 들어간 안데르센은 누가 무슨 일을 시키든 묵묵히 해냈습니다. 그리고 배우들이 연습하거나 공연하는 모습을 눈여겨보았다가 혼자 있거나 극장이 문을 닫는 날이면 무대에 올라 연습을 했습니다.

안데르센은 무대에서 노래 부르며 연기할 날을 손꼽아 기다렸습니다. 그런데 변성기가 찾아와 곱던 목소리가 거칠어지고 높은음이 올라가지 않았습니다. 안데르센은 큰 충격에 빠졌습니다. 집으로 돌아가 새로운 직업을 구해야 할지 고민했습니다. 그즈음 정치인이자 왕립 극장의 총책임자였던 콜린이 안데르센을 불렀습니다. 그는 무슨 일이든 불평 없이 열심히 하는 안데르센을 조용히 지켜 보고 있었습니다.

"안데르센, 네가 배우 생활을 하는 틈틈이 희곡 작품을 쓰고 있다고 들었단다. 내게 보여 줄 수 있겠니?"

콜린은 안데르센의 작품을 읽어 내려갔습니다.

"지금은 네 작품을 무대에 올리기는 힘들겠구나. 하지만 학교에 가서 공부하고 지식을 쌓는다면 언젠가는 훌륭한 작품을 쓸 수 있을 거야."

"저도 그러고 싶어요. 하지만 저는 학교에 다닐 만한 돈이 없는걸요."

풀 죽은 안데르센의 말에 콜린은 빙긋 웃었습니다.

"걱정하지 마라, 그건 내가 다 알아서 하마."

[라]

스물여덟 살, 청년이 된 안데르센은 유럽의 여러 나라를 여행하며 글을 썼습니다. 그러던 어느 날, 덴마크 신문에서 그의 작품을 헐뜯는 기사를 보았습니다. 안데르센은 무척 비참한 기분이 들었지만, 자신을 비난하는 사람을 이기는 길은 더 좋은 작품을 쓰는 것이라고 생각했습니다.

2년 후, 안데르센은 소설 〈즉흥 시인〉을 써서 아주 유명해졌습니다. 고아 소년이 시인이 되어 성공한다는 내용이었습니다. 그 뒤에는 시나 소설보다 동화를 쓰는 일에 더 열중하였습니다. 하지만 사람들은 그가 쓴 동화를 읽고 비난을 했습니다. 그래도 안데르센은 동화에 매력을 느껴 계속 동화를 썼습니다. 이렇게 하여 〈못생긴 아기 오리〉, 〈인어 공주〉, 〈성냥팔이 소녀〉, 〈장난감 병정〉, 〈벌거벗은 임금님〉 등의 동화가 탄생했습니다. 시간이 흐르자 사람들은 그의 동화를 좋아하게 되었습니다.

* 변성기: 남자아이 목소리가 어른처럼 낮고 굵게 변하는 때. 12〜15살 무렵이다.

1 밑줄 친 ㉠이 가리키는 안데르센의 꿈은 무엇인가요? | 내용 파악 |

_____

2 덴마크의 수도로, 안데르센이 꿈을 이루려고 간 도시 이름을 쓰세요. | 내용 파악 |

_____

3 안데르센에 대한 설명입니다. 맞는 것에 ○, 틀린 것에 X 하세요. | 내용 파악 |

① 안데르센은 덴마크에서 태어났다. ( )

② 안데르센의 어머니는 일찍 죽었다. ( )

③ 안데르센은 학교 성적이 나빠 꿈을 이룰 수 없었다. ( )

④ 안데르센은 콜린의 도움을 받아 학교에 다녔다. ( )

⑤ 안데르센은 처음부터 동화만 썼다. ( )

4 이 글의 내용과 <u>다른</u> 것을 고르세요. | 내용 파악 |

① 안데르센은 어린 시절 돈을 벌기 위해 공장에서 일했다.

② 안데르센은 셰익스피어의 희곡을 감명 깊게 읽었다.

③ 안데르센은 소설 〈즉흥 시인〉을 써서 아주 유명해졌다.

④ 사람들은 처음부터 안데르센의 동화를 좋아했다.

⑤ 안데르센은 덴마크 왕에게서 훈장을 받았다.

5 ⓛ의 까닭은 무엇일까요? |추론|

① 안데르센이 덴마크 왕의 친척이라서.

② 안데르센이 큰 죄를 지어서.

③ 안데르센이 유명한 작가여서.

④ 안데르센이 평소에 덴마크 왕과 친하게 지내서.

⑤ 덴마크 왕은 국민의 장례식에 모두 참석해서.

6 ⓒ의 뜻으로 알맞은 것을 고르세요. |표현|

① 소리가 아주 잘 들렸다.

② 남의 말에 선뜻 마음이 끌렸다.

③ 다른 사람보다 소식을 빨리 들었다.

④ 남의 말을 쉽게 받아들였다.

⑤ 남의 말을 잘 이해하지 못했다.

7 안데르센을 가장 잘못 이해한 사람을 고르세요. |추론|

① 시언: 어린 나이에 돈을 벌려고 공장을 다닌 걸로 봐서, 돈을 무척 좋아하는 것
　　　　 같아.

② 선우: 꿈을 이루려는 의지가 강해. 어린 나이에 홀로 코펜하겐으로 떠나고,
　　　　 고생도 두려워하지 않잖아.

③ 진영: 극장에서 무슨 일을 시켜도 열심히 하고, 홀로 남아 연습하는 모습을
　　　　 보면 정말 성실한 것 같아.

④ 소라: 힘든 배우 생활 틈틈이 극본까지 쓰다니, 정말 부지런해.

⑤ 진주: 혼자서 낯선 시인의 집에 찾아가다니, 참 용감해.

8 어린 시절, 안데르센은 가난한 탓에 늘 초라한 차림으로 친구들과 잘 어울리지 못했습니다. 작가가 된 후 그런 자신의 이야기를 동화로 썼습니다. 어느 작품일까요? | 추론 |

① 인어 공주 — 왕자를 사랑하여 사람이 된 인어공주가 왕자와 사랑을 이루지 못하고 물거품이 된다.

② 못생긴 아기 오리 — 미움받던 못생긴 아기 오리가 어려움을 딛고 일어나 아름다운 백조가 되어 하늘 높이 날아오른다.

③ 장난감 병정 — 다리가 하나밖에 없는 장난감 병정이 무용수 인형을 사랑하다 함께 죽음을 맞는다.

④ 성냥팔이 소녀 — 크리스마스 전날, 성냥을 팔던 가난한 소녀가 성냥불을 켜서 여러 환상을 보다 얼어 죽는다.

⑤ 벌거벗은 임금님 — 사기꾼 재봉사가 만든 옷을 입고 행진하는 임금을 보고, 한 아이가 "임금님이 벌거벗었다." 하고 소리친다. 그제야 왕은 자신이 재봉사에게 속은 것을 알아차린다.

9 이 글의 내용과 가장 거리가 먼 이야기를 한 사람은 누구인가요? | 감상 |

① 성윤: 나도 동화 작가가 되고 싶어. 그럼 안데르센처럼 책도 많이 읽고 글도 많이 써 봐야 할 것 같아.

② 수미: 자신의 소질을 찾는 것이 중요한 것 같아. 나도 소질을 알아봐야겠어.

③ 미영: 안데르센은 돈을 벌기 위해 어린 나이에 집을 떠났어. 성공하려면 부모님을 떠나 혼자서 생활해야 해.

④ 규정: 배우의 꿈을 접은 것은 안타깝지만, 글쓰기의 재능을 찾아서 참 다행이야.

⑤ 승헌: 안데르센은 자신의 글을 비난하는 사람들을 이기는 길은 더 좋은 글을 쓰는 것이라고 생각했어. 그의 긍정적 사고와 열정을 본받고 싶어.

우리 아기는
아래 발치에서 코올코올

고양이는
부뚜막에서 가릉가릉

아기 바람이
나뭇가지에 소올소올

아저씨 해님이
하늘 한가운데서 째앵째앵.

(윤동주)

* 발치: 발이 있는 쪽.

1 그림과 뜻을 보고, 알맞은 낱말을 시에서 찾아 쓰세요. |어휘|

아궁이 위에 솥을 걸어 두는 곳.
흙과 돌을 섞어 평평하게 쌓아 만든다.

2 아래 낱말들은 이 시에 나오는 흉내 내는 말입니다. 빈칸에 알맞은 낱말을 넣어 뜻을 풀이하세요. │어휘│

(1) | 코올코올 | : 깊이 자면서 | ㅅ | 을 쉬는 소리.

(2) | 가릉가릉 | : | | 이 | 나 돌고래 따위가 자꾸 내는 소리.

(3) | 소올소올 | : | | 이 가볍고 아주 부드럽게 부는 모양.

(4) | 째앵째앵 | : | 볕 | 이 계속 몹시 따갑게 내리쬐는 모양.

3 이 시에 나온 장면이 <u>아닌</u> 것을 고르세요. │내용 파악│

① 고양이가 부뚜막에 있는 모습.

② 나뭇가지가 바람에 살짝 흔들리는 모습.

③ 구름이 둥실둥실 떠가는 모습.

④ 아기가 자는 모습.

⑤ 하늘에 해가 떠 있는 모습.

4 이 시와 어울리는 느낌은 무엇인가요? │감상│

① 무섭다.　　　　　　② 시끄럽다.

③ 신난다.　　　　　　④ 평화롭다.

⑤ 슬프다.

젖 한 통 먹고는 콜콜.
송아지 낮잠이 폭 들었지.

뽈록 뿔 위에 잠자리가 앉아도,
몰라요, 몰라요, 잠이 들었지.

엄마 소, 핥아도 콜콜.
송아지 낮잠이 폭 들었지.

따끈따끈 햇볕은 내리쪼이고,
곤해요, 곤해요, 잠이 들었지.

(권태응)

1 이 시의 제목으로 가장 알맞은 것을 고르세요. ┃제목┃

① 따뜻한 햇볕　　　　② 송아지 낮잠

③ 뿔 위의 잠자리　　　④ 엄마 소와 아기 소

⑤ 게으른 송아지

2 이 시는 몇 연 몇 행으로 이루어졌나요? ┃구조┃

＿＿＿ 연 　＿＿＿ 행

3 이 시를 읽으면 어떤 느낌이 드나요? |감상|

① 시끄럽고 정신이 없다.

② 겁이 나고 무섭다.

③ 조용하고 평화롭다.

④ 외롭고 슬프다.

⑤ 활기차고 재미있다.

4 이 시에서 말하는 이는 무엇을 하고 있나요? |추론|

① 젖 먹는 송아지를 바라보고 있다.

② 낮잠 자는 송아지를 바라보고 있다.

③ 뿔 위에 앉은 잠자리를 바라보고 있다.

④ 엄마 소를 바라보고 있다.

⑤ 햇볕을 쪼이는 엄마 소와 송아지를 바라보고 있다.

5 다음 낱말을 알맞게 넣어 글을 완성하세요. |내용 파악|

| 낮잠 | 젖 | 햇볕 | 잠자리 |

_____ 이 따뜻하게 내리쪼이는 봄이 왔다. 송아지는

배가 많이 고팠던지 _____ 한 통을 금세 먹어 치웠다.

그 뒤, 송아지는 뿔 위에 _____ 가 앉는 것도, 엄마 소

가 핥는 것도 모른 채 _____ 이 들었다.

틀린 문제 유형에 표시하세요.

☐   ☐   ☐   ☐   ☐

제목   어휘   추론   표현   감상

눈은 눈은 하늘에 설탕일까요
설탕이면 달잖고 이만 시릴까?

눈은 눈은 하늘에 소금일까요
소금이면 짜잖고 이만 시릴까?

눈은 눈은 하늘에 떡가룰까요
떡가루면 떡 장수 걸어 안 갈까?

눈은 눈은 하늘에 분가룰까요
분가루면 색시가 걸어 안 갈까?

(서덕출)

* 분가루: 얼굴을 예쁘게 꾸미려고 바르는 고운 가루.

1 이 시의 제목으로 가장 알맞은 것을 고르세요. | 제목 |

① 눈은 눈은

② 눈은 설탕

③ 눈은 소금

④ 눈은 떡가루

⑤ 눈은 분가루

2 이 시에 나온 낱말을 풀이한 것입니다. 빈칸에 알맞은 낱말을 쓰세요. |어휘|

(1) ☐☐ : 장사를 하는 사람.

(2) ☐☐ : 결혼한 젊은 여자.

3 이 시에서 말하는 이는 무엇을 하고 있나요? |추론|

① 눈사람을 만들고 있다.　　② 내리는 눈을 바라보고 있다.

③ 설탕물을 먹고 있다.　　④ 눈싸움을 하고 있다.

⑤ 눈처럼 하얀 밀가루로 반죽을 하고 있다.

4 이 시에서는 '눈'을 여러 가지로 표현했습니다. 다음 중 '눈'을 빗대어 표현한 것이 <u>아닌</u> 것을 고르세요. |표현|

① 설탕　　② 소금　　③ 떡가루

④ 밀가루　　⑤ 분가루

5 이 시와 어울리지 <u>않는</u> 느낌을 말한 사람을 고르세요. |감상|

① 보영: 눈 내리는 모습이 떠올라 즐겁고 신났어.

② 현서: 눈을 여러 가지로 표현한 것이 재미있어.

③ 무영: 눈은 지저분해. 그러니까 눈을 먹으면 안 돼.

④ 유주: 나는 눈이 하늘에서 내리는 솜사탕 같다는 생각도 했어.

⑤ 하라: 떡 장수와 색시가 눈을 걷어갈까 봐 걱정하는 모습이 재미있어.

꽁꽁 얼음 밑
어린 고기들.

해님도 달님도
한 번 못 보고,
겨울 동안 얼마나
갑갑스럴까?

꽁꽁 얼음 밑
어린 고기들.

뭣들 하고 노는지
보고 싶구나.
빨리빨리 따순 봄
찾아오거라.

(권태응)

* 따순: 따뜻한.

1 이 시에서 가장 중요한 말은 무엇인가요? | 핵심어 |

① 해님　　　　　　　　② 달님

③ 어린 고기　　　　　④ 얼음

⑤ 봄

2 이 시의 내용과 다른 것을 고르세요. | 내용 파악 |

① 겨울을 배경으로 하고 있다.

② 어린 고기들은 해와 달을 보고 있다.

③ 말하는 이는 봄을 기다리고 있다.

④ 말하는 이는 어린 고기들을 불쌍하게 생각한다.

⑤ 말하는 이는 어린 고기들이 노는 모습을 보고 싶어 한다.

3 빈칸을 채워 이 시와 같은 내용으로 글을 완성하세요. | 내용 파악 |

> 겨울이 되자 강에 ☐☐ 이 꽁꽁 얼었다. 그 밑에 있는 어린
> ☐☐ 들은 겨울 동안 해님도 달님도 못 보고 정말 갑갑할 것이
> 다. 빨리 따뜻한 ☐ 이 와서 고기들이 무엇을 하고 노는지 볼 수
> 있으면 좋겠다.

4 이 시에 대한 감상으로 어울리지 않는 말을 한 사람은 누구인가요? | 감상 |

① 수영: 얼음이 얼면 고기들은 바깥도 못 보고 아무것도 할 수 없으니 갑갑할
   거야.

② 준수: 얼음 아래에 있으면 고기들이 무척 추울 것 같아.

③ 정민: 어린 고기들이 무엇을 하고 노는지 보고 싶어.

④ 승현: 추운 겨울날 밖에서 고기를 잡다가는 감기에 걸릴 수 있어.

⑤ 종우: 따뜻한 봄이 와서 고기들이 자유롭게 헤엄치고 놀면 좋겠어.

귀뚜라미와 나와
잔디밭에서 이야기했다.

귀뜰귀뜰
귀뜰귀뜰

아무에게도 알으켜 주지 말고
우리 둘만 알자고 약속했다.

귀뜰귀뜰
귀뜰귀뜰

귀뚜라미와 나와
달 밝은 밤에 이야기했다.

(윤동주)

* 알으켜: '가르쳐'의 사투리.

1 빈칸에 알맞은 낱말을 넣어 이 시의 제목을 지어 보세요. |제목|

				와		와

2 이 시에서 말하는 이는 언제, 어디에 있나요? |추론|

① 달밤에 잔디밭에 나와 있다.

② 낮에 잔디밭에 나와 있다.

③ 낮에 마당에 나와 있다.

④ 달밤에 방 안에서 창밖을 내다보고 있다.

⑤ 달밤에 놀이터에 나와 있다.

3 다음 중 귀뚜라미는 어느 것인가요? |적용|

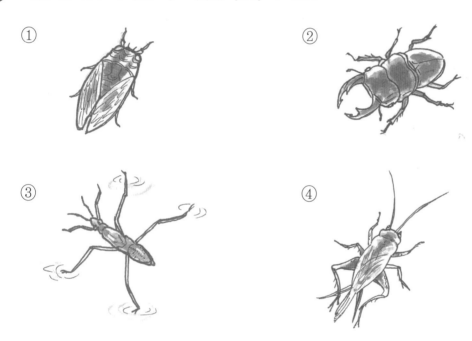

① ② ③ ④

4 이 시의 분위기와 어울리지 <u>않는</u> 느낌을 말한 사람을 고르세요. |감상|

① 세영: 귀뚜라미가 친구처럼 느껴져.

② 형준: 사람이 귀뚜라미 소리를 알아듣다니 말도 안 되는 소리야.

③ 민정: 가을밤에 귀뚜라미와 이야기 나누는 다정한 모습이 떠올라.

④ 효주: 귀뚜라미와 이야기를 나눈 사실을 둘이서만 알자고 약속하는 것이 재미있어.

⑤ 은찬: 귀뚜라미와 대화를 나눈다는 상상이 재미있어.

찬 바람이 쌩쌩 불었습니다.

"성냥 사세요, 성냥 사세요."

어린 소녀는 언 손을 호호 불며 지나가는 사람들을 향해 외쳤습니다.

그러나 사람들은 들은 체도 하지 않고 그냥 지나갔습니다.

"성냥이 하나도 팔리지 않네!"

소녀는 바구니에 가득 쌓인 성냥을 보면서 눈물을 글썽거렸습니다. 너무 춥고 배가 고파서 그 자리에 주저앉고 싶었습니다.

날이 조금씩 어두워지자 날씨는 더욱 추워졌습니다. 이제는 입이 얼어붙어서 목소리도 제대로 나오지 않았습니다.

추운 바람을 피하려고 소녀는 골목으로 들어섰습니다. 집집마다 웃음소리가 흘러나왔습니다. 소녀는 굴뚝 옆에 쪼그리고 앉아 성냥에 불을 붙였습니다. 빨갛게 피어오른 성냥 불꽃 속에 난로가 보였습니다.

"아이, 따뜻해."

소녀가 손을 녹이려고 하자 난로는 곧 사라져 버렸습니다.

소녀는 성냥불을 켤 때마다 바라는 것을 생각했습니다. 그러자 불빛 속에 맛있는 음식, 멋진 크리스마스트리가 차례대로 나타났습니다. 그래서 소녀는 자꾸 성냥불을 켰습니다. 하지만 성냥불이 꺼지면 그것도 사라졌습니다.

그때 별똥별 하나가 밤하늘에 선을 그으며 주욱 떨어졌습니다.

'별똥별이 떨어지는 건 누군가 하늘나라로 올라가는 거라고 할머니께서 말씀하셨는데……'

소녀는 얼른 성냥불을 켰습니다. 불빛 속에 할머니가 나타났습니다. 성냥불이 바람에 꺼지려고 하자 할머니 모습도 따라서 사라질 듯 말 듯 희미해졌습니다.

"할머니, 가지 마세요!"

성냥팔이 소녀는 크게 외쳤습니다. 그러고는 재빨리 성냥불을 다시 켰습니다. 할머니께서 가 버리실까 봐 자꾸 성냥에 불을 붙였습니다.

"아기야, 이리 오련?"

할머니는 소녀를 품에 꼭 안아 주었습니다. 따뜻한 할머니 품에 안긴 소녀는 무척 행복했습니다. 소녀는 할머니와 함께 하늘나라로 올라갔습니다.

크리스마스 날 아침, 골목길을 지나가는 사람들이 배고픔과 추위로 얼어 죽은 소녀를 보았습니다.

그런데 이상하게도 소녀의 얼굴은 환하게 웃음을 띠고 있었습니다.

(안데르센)

1 소녀는 성냥불을 켤 때마다 바라는 것을 생각했고, 그것이 불빛 속에 나타났습니다. 불빛 속에 나타난 것 네 가지를 쓰세요. |내용파악|

(1)

(2)

(3)

(4)

2 이 글에는 소녀의 죽음을 짐작할 수 있는 낱말이 있습니다. '하늘에서 빛을 내면서 떨어지는 작은 물체'의 뜻을 지닌 이 낱말을 찾아 쓰세요. |추론|

3 다음은 이 글의 줄거리입니다. 밑줄 친 부분을 내용에 맞게 고치세요. | 내용 파악 |

(1) 거리에서 성냥을 파는 <u>소년</u>이 있었습니다.

_____

(2) 사람들이 <u>성냥을 사</u> 주었습니다.

_____

(3) 추운 바람을 피하려고 <u>빈집</u>으로 들어갔습니다.

_____

(4) 성냥을 켜자 돌아가신 <u>어머니</u>가 나타났습니다.

_____

(5) 소녀는 할머니와 함께 <u>이 층으로</u> 올라갔습니다.

_____

4 그림과 뜻을 보고, 알맞은 낱말을 글에서 찾아 쓰세요. | 어휘 |

까칠한 면에 그어서 불을 일으키는 물건.

5 아래 글에서 공통으로 드는 느낌은 무엇인가요? | 감상 |

> - 소녀는 언 손을 호호 불며 지나가는 사람들을 향해 외쳤습니다.
> - 소녀는 이제 입이 얼어서 목소리도 제대로 나오지 않았습니다.
> - 추운 바람을 피하려고 소녀는 골목으로 들어갔습니다.

① 가여움   ② 부끄러움   ③ 지루함
④ 그리움   ⑤ 씩씩함

6 이 글을 읽고, 친구들과 느낀 점을 말했습니다. 가장 어울리지 <u>않는</u> 말을 한 사람은 누구인가요? | 감상 |

① 동수: 소녀는 외롭고 힘들게 살았어. 하지만 하늘나라에서는 사랑하는 할머니와 행복하게 지낼 거야.

② 은주: 집집마다 흘러나오는 웃음소리를 듣고, 소녀는 얼마나 부럽고 쓸쓸했을까?

③ 광호: 죽은 소녀를 보고 사람들은 무척 후회했을 거야. 소녀를 도와주었더라면 그렇게 되지 않았을 테니까.

④ 소연: 우리 주변에도 성냥팔이 소녀와 같은 친구가 있을 거야. 그런 친구를 만난다면 나는 그냥 지나치지 않을 거야.

⑤ 재철: 소녀가 불쌍해. 성냥보다는 빵을 팔았다면 더 쉽게 돈을 벌 수 있었을 텐데.

7 크리스마스는 몇 월 며칠인가요? | 배경지식 |

월   일
_____   _____

옛날 어느 산골에 무척 가난한 형제가 살고 있었습니다. 형제는 사이가 몹시 나빴습니다. 한집에 살면서도 산에 나무를 하러 따로따로 갔다 올 정도였습니다.

어느 날, 동생이 나무를 다 하고 산에서 내려가려 할 때였습니다. 갑자기 저쪽에서 '쿵' 하는 소리가 들렸습니다. 동생이 슬그머니 다가가 보니 형이 절구를 들고 낑낑거리고 있었습니다.

"형, 그거 어디서 났어?"

"야, 이 녀석아! 힘들어 죽겠다. 얼른 와서 들기나 해."

형제는 서로 힘을 모아 절구를 집으로 옮겼습니다. 하지만 너무 가난하여 찧을 곡식이 없었습니다. 그래서 마루 한구석에 절구를 그냥 놓아두었습니다.

그러던 어느 날, 동생은 절구를 한번 써 봐야겠다고 생각했습니다. 이웃집에서 절굿공이를 빌려 와서는 내년에 밭에 심으려고 남겨 놓은 옥수수 알갱이를 절구통에 넣었습니다. 옥수수를 찧던 동생은 깜짝 놀랐습니다. 절구통 안의 옥수수 알갱이가 황금으로 변해 있었던 것입니다. 동생은 기뻐서 덩실덩실 춤을 추었습니다.

"그렇게 춤을 추고 싶어서 나무하러도 안 갔니?"

그러나 절구통을 들여다본 ㉠ 형은 그제야 알겠다는 듯이 고개를 끄덕였습니다. 그 후 형제는 곡식을 얻어다 찧었습니다. 그것들이 모두 금으로 변해 형제는 큰 부자가 되었습니다.

얼마 후, 두 형제는 장가를 들어 따로 살게 되었습니다.

* 곡식: 쌀, 보리, 콩 따위의 먹을거리.

이사하던 날, 형이 말했습니다.

"이 절구는 내가 산에서 발견했으니, 내가 가져가겠다."

"그런 소리 말아요. 금이 나오는 것을 내가 먼저 알아냈으니, 그 절구는 내 거예요."

형제는 서로 절구를 가지려고 다퉜습니다. 그러다 그만 절구를 마루에서 떨어뜨렸습니다. 그러자 절구는 '쩍' 소리를 내며 갈라졌습니다.

형제는 마당에 주저앉아 땅을 치며 울었습니다.

(전래 동화)

1 빈칸에 알맞은 낱말을 넣어 이 글의 제목을 완성하세요. |제목|

이상한 ☐ ☐

2 형제에 관한 설명 가운데 맞는 것을 찾으세요. |내용 파악|

① 형제는 몹시 가난했지만, 서로를 위하며 살았다.

② 형제는 가난했지만, 절구통을 발견한 후에 부자가 되었다.

③ 형제는 열심히 일해서 큰 부자가 되었다.

④ 형제는 부자가 될 수 있었지만, 욕심을 버리기로 했다.

⑤ 형제는 사이가 좋았지만, 절구통을 발견한 후에 사이가 나빠졌다.

3 밑줄 친 ㉠의 의미는 무엇인가요? |추론|

① 형이 혼자 나무를 하러 간 것이 좋아서 동생이 춤을 추었다.

② 절구에서 찧은 물건이 황금으로 변하는 것을 보고 기뻐서 동생이 춤을 추었다.

4 형제가 절구를 잃게 된 까닭을 고르세요. | 내용 파악 |

① 형제가 욕심이 많아서.　　　② 형제가 게을러서.

③ 물건을 소중히 다루지 않아서.　　④ 절구가 오래되어서.

⑤ 어려운 이웃을 돕지 않아서.

5 '열매나 곡식의 낱알(하나하나의 알)'의 뜻을 지닌 낱말을 찾아 쓰세요. | 어휘 |

6 형제는 '형과 남동생', 자매는 '언니와 여동생' 사이를 말합니다. '오빠와 여동생' 또는 '누나와 남동생' 사이는 뭐라고 할까요? | 어휘 |

7 이 글의 내용을 정리한 것입니다. 순서에 맞게 나열하세요. | 줄거리 |

> ① 결혼하여 따로 살게 된 형제는 서로 절구를 가져가려고 다퉜다.
>
> ② 절구를 마루에 떨어뜨려 깨뜨리고 말았다.
>
> ③ 형제는 산에서 발견한 절구를 집으로 가져왔다.
>
> ④ 절구에 곡식을 넣고 찧으니 모두 황금으로 변했다.

	→		→		→	

8 왼쪽 그림에 알맞은 이름을 찾아 줄로 연결하세요. | 어휘 |

(1) 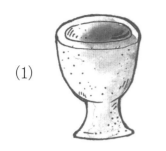 •

• **맷돌**
  * 곡식을 가는 데 쓰는 도구.

(2)  •

• **절구**
  * 곡식을 빻거나 찧는 데 쓰는, 속이 우묵하게 생긴 통.

(3)  •

• **떡판**
  * 떡을 칠 때 쓰는, 바닥이 고르고 반듯한 나무판.

(4)  •

• **절굿공이**
  * 절구에 넣은 곡식을 찧는 데 쓰는, 몽둥이 모양의 도구.

(5)  •

• **떡살**
  * 떡을 눌러, 여러 가지 무늬를 찍는 데 쓰는 도구.

(6)  •

• **떡메**
  * 찐 쌀을 쳐서 떡을 만드는 데 쓰는 큰 방망이.

　　깊은 산골짜기를 걸어가던 여우가 호랑이와 마주쳤습니다. 호랑이는 날카로운 이빨과 발톱을 드러내며 어슬렁어슬렁 여우에게 다가갔습니다.

　　"네 이놈, 거기 가만히 앉아 있거라!"

　　여우는 무서워서 온몸이 바들바들 떨렸습니다. 하지만 이대로 죽을 수는 없었습니다. 여우는 호랑이를 속일 방법이 번뜩 떠올랐습니다.

　　"호랑이님, 호랑이님께서는 산짐승 중의 왕이시지요. 하지만 사람들은 호랑이님보다 여우인 저를 더 무서워합니다. 그러니 저를 함부로 잡아먹었다가는 호랑이님이 ㉠ 큰코다치실 겁니다."

　　여우는 이가 덜덜 떨리도록 무서웠지만 애써 태연한 척하며 말했습니다.

　　"흥! 말도 안 되는 소리 하지 마라."

　　호랑이가 으르렁거리며 다가오자 여우는 ㉡ 등골이 오싹했습니다.

　　"그럼, 제 말이 맞는지 틀리는지 직접 확인해 보시지요. 만약 제 말이 틀리면 토끼가 사는 마을을 알려 드리지요."

　　호랑이는 손해 볼 것이 없었습니다. 호랑이는 여우의 요구를 들어준 다음에 여우와 토끼를 모두 잡아먹어야겠다고 생각했습니다.

　　"제가 앞장을 설 테니 호랑이님은 제 뒤를 따라오십시오."

　　여우는 호랑이를 뒤따라오게 하고 사람들이 많이 오가는 큰길로 나왔습니다. 호랑이를 본 사람들은 너무 놀라 정신없이 도망쳤습니다.

　　"호랑이님, 보셨죠? 저를 보고 사람들이 모두 달아나지요? 단 한 사람이라도 저를 보고 도망치지 않는 사람이 있던가요?"

* 태연한: 무섭거나 어려운 일이 생겼는데도 아무렇지도 않다는 듯이 편안한.

호랑이는 속으로 가만히 생각해 보았습니다.

'여우에게 분명 나보다도 무서운 무엇이 있을 거야. 그러니 사람들이 여우를 보고 무서워서 도망치지. 여우 뒤를 쫓아다니다가는 나도 큰코다치겠는걸.'

호랑이는 사람들이 여우가 무서워서 피한다고 생각했습니다. 앞장선 여우 때문이 아니라, 뒤따르는 자신 때문이라는 것을 전혀 눈치채지 못했습니다. 호랑이는 조그만 여우 앞에서 온몸이 후들후들 떨렸습니다.

'어이쿠, 잘못하다간 큰일 나겠군!'

호랑이는 여우 옆에 있다가는 자신이 해를 입을 것 같았습니다. 그래서 여우가 한눈을 판 사이에 ㉢ 쏜살같이 산속으로 달아났습니다.

(중국 전래 동화)

1 이 글에 등장하는 주요 인물 둘을 쓰세요. |인물|

_____ , _____

2 ㉠의 '큰코다치실 겁니다'의 뜻으로 알맞은 것을 고르세요. |표현|

① 코를 심하게 다치실 겁니다.
② 칭찬을 듣거나 좋은 일이 생기실 겁니다.
③ 나쁜 생각이 드실 겁니다.
④ 큰 병에 걸리실 겁니다.
⑤ 망신을 당하거나 나쁜 일이 생기실 겁니다.

3 ⓒ의 '등골이 오싹했습니다'의 뜻으로 알맞은 것을 고르세요. | 표현 |

① 등뼈가 오그라들었습니다.

② 찬바람이 불어 등이 시원했습니다.

③ 소름이 돋을 정도로 놀라거나 무서웠습니다.

④ 당당하고 활력이 넘쳤습니다.

⑤ 등에 땀이 날 정도로 무척 더웠습니다.

4 ⓒ의 '쏜살같이'의 뜻으로 알맞은 것을 고르세요. | 어휘 |

① 아무도 모르게

② 조용히

③ 아주 천천히

④ 매우 빠르게

⑤ 풀이 죽어서

5 이 글의 내용과 같은 것을 찾으세요. | 내용 파악 |

① 호랑이는 여우를 잡아먹었다.

② 여우는 호랑이에게 거짓말을 했다.

③ 호랑이는 여우의 요구를 거절했다.

④ 여우는 호랑이의 뒤를 따라다녔다.

⑤ 사람들은 여우를 보고 무서워서 도망쳤다.

6 이 글에 나오는 호랑이에 대한 설명으로 <u>잘못된</u> 것을 찾으세요. ┃내용 파악┃

① 산짐승 중의 왕이다.

② 여우를 피해 달아났다.

③ 날카로운 이빨과 발톱이 있다.

④ 여우의 거짓말에 속지 않았다.

⑤ 사람들이 자신보다 여우를 더 무서워한다고 생각했다.

7 빈칸에 '여우' 또는 '호랑이'를 넣어 이 글에 대한 설명을 완성하세요. ┃내용 파악┃

> 이 이야기는 남의 힘을 빌려서 사람들을 두렵게 만드는 사람을 비유
>
> 한 글이다.
>
> 이 글에서는 ① [   ] 가 ② [   ] 의 힘을
>
> 빌려 사람들을 두렵게 만들었다.

8 '위급한 상황에서도 침착하게 생각하면 위기를 벗어날 수 있다'라는 뜻의 속담을 고르세요. ┃배경지식┃

① 꿩 먹고 알 먹는다

② 굼벵이도 구르는 재주가 있다

③ 호랑이에게 물려가도 정신만 차리면 산다

④ 소 잃고 외양간 고친다

⑤ 원숭이도 나무에서 떨어진다

어느 집에 양초가 두 자루 있었습니다. 하나는 꿀벌의 밀로 만든 양초고, 다른 양초는 동물의 기름으로 만든 것이었습니다.

"㉠ 나는 다른 양초보다 오랫동안 밝은 빛을 낼 수 있지. 그러니까 당연히 귀한 대접을 받아야 해."

밀로 만든 양초가 자랑스럽게 말했습니다. 동물 기름으로 만든 양초는 그 모습을 부럽게 바라보았습니다.

무도회가 열리는 날이었습니다. 무도회를 내려다보며 밝게 빛낼 생각을 하니 밀로 만든 양초는 마치 무도회의 주인공이 된 것 같았습니다.

벌컥. 양초들이 있는 방에 문이 열리고, 주인아저씨가 들어왔습니다.

"이 양초로 촛불을 켜야겠다."

아저씨는 밀로 만든 양초를 가지고 나갔습니다. 동물 기름으로 만든 양초는 더욱 외로워졌습니다.

'나도 무도회를 보고 싶다.'

그때 ㉡ 어린 사내아이가 허름한 바구니를 들고 나타났습니다. 그 바구니에는 감자와 사과가 몇 개씩 들어 있었습니다. 주인아주머니가 아이에게 주신 것이었습니다. 주인아주머니는 동물 기름으로 만든 양초도 아이에게 주었습니다. 아이는 기쁜 마음으로 돌아갔습니다.

아이는 작은 오두막집에 살았습니다. 천장이 낮고 좁은 방에 어머니와 세 아이가 함께 살고 있었습니다. 어머니는 찌그러진 촛대에 양초를 세웠습니다. 동물 기름으로 만든 양초는 자신의 신세가 너무 처량해서 슬펐습니다.

* 밀: 벌집을 만들기 위해 꿀벌이 내뱉는 물질.

가족의 식사 시간이 되었습니다. 어머니는 감자를 삶고 사과를 깎았습니다. 가족들은 즐겁게 저녁을 먹었습니다. 동물 기름으로 만든 양초는 가족을 비추었습니다.

"이 촛불, 참 밝다!"

"이렇게 훌륭한 양초를 주신 아주머니께 감사하자."

가족은 <u>도란도란</u> 이야기를 나누었습니다. 동물 기름으로 만든 양초는 이 가족에게 빛을 비추는 일이 자랑스러웠습니다.

(안데르센)

1 이 글의 제목으로 가장 알맞은 것을 고르세요. |제목|

① 양초 두 자루　　　　　② 사이좋은 가족

③ 흥겨운 무도회　　　　　④ 오두막집

⑤ 마음씨 좋은 아주머니

2 이 글의 내용으로 바른 것을 찾으세요. |내용 파악|

① 동물 기름으로 만든 양초는 밀로 만든 양초보다 밝은 빛을 낼 수 있다.

② 밀로 만든 양초는 무도회를 보지 못해 슬펐다.

③ 주인아저씨는 동물 기름으로 만든 양초를 가지고 나갔다.

④ 어린 사내아이는 무척 큰 집에서 살았다.

⑤ 주인아주머니가 아이에게 먹을 것을 주었다.

3 밑줄 친 ⊙에 드러난 밀랍 양초의 성격을 찾으세요. |추론|

① 수줍음이 많다.

② 화를 잘 낸다.

③ 뽐내기를 좋아한다.

④ 겸손하다.

⑤ 작은 일에도 감사할 줄 안다.

4 ⓛ의 '어린 사내아이'의 집 형편을 알 수 있는 것이 <u>아닌</u> 것을 찾으세요. |표현|

① 허름한 바구니　　　　　② 작은 오두막집

③ 좁은 방　　　　　　　　④ 감자와 사과

⑤ 찌그러진 촛대

5 다음 상황에서 동물 기름 양초의 마음이 어떠했는지 줄로 연결하세요. |내용 파악|

(1) 밀로 만든 양초가 뽐냈다.	•	• 외로움
(2) 아저씨가 밀로 만든 양초를 가져갔다.	•	• 자랑스러움
(3) 아이의 작은 오두막집에 갔다.	•	• 부러움
(4) 아이의 가족에게 빛을 비추었다.	•	• 슬픔

6 다음 중 낱말 풀이가 <u>잘못된</u> 것을 고르세요. |어휘|

① 벌컥: 갑자기 문이 열리는 모양을 나타낸 말.

② 허름한: 낡고 깨끗하지 못한.

③ 오두막집: 사람이 겨우 살 수 있을 만큼 작고 초라한 집.

④ 처량해서: 슬프고 쓸쓸해서.

⑤ 도란도란: 여럿이 큰 목소리로 이야기하는 소리나 모양을 나타낸 말.

7 '여러 사람이 춤을 추면서 노는 모임'을 뜻하는 낱말을 찾아 쓰세요. |어휘|

8 이 글을 읽고 감상문을 썼습니다. 빈칸에 알맞은 말을 넣어 글을 완성하세요. |감상|

동물 기름으로 만든 양초는 밀로 만든 양초를 부러워했다. 동물 기름

양초는 아이와 함께 작은 ☐☐☐ 으로 갔다. 양초

는 자신의 신세가 처량하다고 생각했다. 양초가 간 집의 식구들은 가난

하지만 ☐☐ 할 줄 아는 마음을 지녔다. 그 모습을 본 양초는

자기 일에 보람을 느꼈다. 우리에게 중요한 것은 화려한 겉모습이 아니

라 작은 것도 소중히 여기고 감사할 줄 아는 ☐☐ 이라는 생각

이 들었다.

옛날 먼 옛적, 팔도에서 방귀 잘 뀌기로 소문난 경상도 방귀쟁이와 전라도 방귀쟁이가 있었습니다.

어느 날, 전라도 방귀쟁이는 경상도 방귀쟁이 소문을 듣고 시합을 하기 위해 경상도로 갔습니다. 마침 경상도 방귀쟁이는 장에 가고, 그 집에는 아무도 없었습니다.

전라도 방귀쟁이가 휙 둘러보니 경상도 방귀쟁이 집은 초가집이었습니다. '음! 이 녀석, ㉠소문만 요란한 녀석이군.'

전라도 방귀쟁이는 피식 웃었습니다. '얼마나 방귀가 약했으면 이런 초가집이 그대로 있을까?' 하고 생각했습니다. 그러고는 연습 삼아 방귀를 뀌자 초가집이 온데간데없이 날아가 버렸습니다.

장에서 달걀을 사 오던 경상도 방귀쟁이는 깜짝 놀랐습니다. 자기 집이 감쪽같이 사라져 버렸기 때문입니다. 동네 사람들에게 그 이유를 들은 경상도 방귀쟁이는 화가 머리끝까지 났습니다. 그래서 동네에서 제일 무거운 돌절구통을 가져왔습니다. 그것을 궁둥이에 대고 서쪽을 향해 크게 방귀를 뀌었습니다. 돌절구통은 하늘 높이 솟아오르더니, 지리산을 넘어서 전라도로 넘어갔습니다.

전라도 방귀쟁이가 어깨를 으쓱이며 돌아왔을 때였습니다. 갑자기 동쪽에서 돌절구통이 날아왔습니다. 전라도 방귀쟁이는 재빨리 동쪽 하늘을 향해 방귀를 뀌었습니다. 그러자 돌절구통이 다시 동쪽으로 날아갔습니다.

---

* 팔도: 조선 시대에 나라를 여덟 개로 나눈 것을 이르던 말. 강원도, 경기도, 경상도, 전라도, 충청도, 평안도, 함경도, 황해도다.

이렇게 돌절구통은 두 사람의 방귀 힘으로 지리산을 넘어 전라도와 경상도를 몇 번이나 왔다 갔다 했는지 모릅니다. 두 방귀쟁이는 서로 지지 않으려고 몇 날 며칠 동안 방귀를 뀌었습니다. 돌절구통은 하늘 높이 떠서 오지도 가지도 못한 채 발발 떨었습니다. 그러다가 ⓛ 석 달 열흘 만에야 땅에 떨어졌습니다.

　　이 일이 있고 나서 사람들 모두 이 두 사람을 '방귀 대장'이라고 불렀습니다.

(전래 동화)

1 이 글의 제목으로 가장 알맞은 것을 고르세요. | 제목 |

① 경상도 방귀쟁이
② 전라도 방귀쟁이
③ 지리산
④ 절구통
⑤ 방귀 시합

2 전라도 방귀쟁이가 경상도 방귀쟁이를 ㄱ '소문만 요란한 녀석'이라고 생각한 까닭은 무엇인가요? | 내용 파악 |

① 자기가 방귀를 잘 뀐다고 동네에 소문을 내고 다녀서.
② 자기가 무서워 도망갔다고 생각해서.
③ 별명이 '소문만 요란한 녀석'이어서.
④ 방귀가 약해 초가집이 그대로 남아있다고 생각해서.
⑤ 방귀가 나(전라도 방귀쟁이)보다 못하다는 소문이 있어서.

3 절구통이 ⓛ '석 달 열흘' 만에 땅에 떨어졌다고 했습니다. 두 사람이 5월 3일에 방귀를 뀌기 시작했다면, 절구통이 떨어진 날은 언제일까요? ｜어휘｜

① 6월 23일   ② 7월 13일   ③ 8월 13일
④ 9월 3일   ⑤ 10월 23일

4 우리나라 지도입니다. 보기에서 찾아 빈칸에 각 도의 이름을 쓰세요. ｜배경지식｜

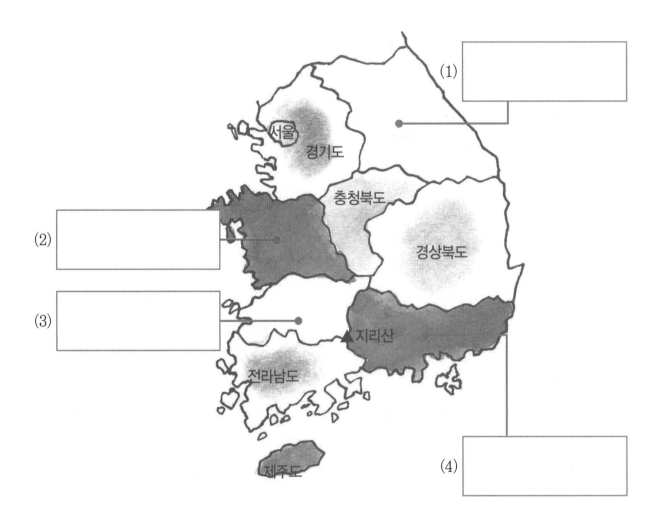

| 경상남도 | 전라북도 | 강원도 | 충청남도 |

5 '-쟁이'와 '-장이'에 대한 설명입니다. 잘 읽고, 설명에 알맞게 '-쟁이'나 '-장이'가 들어가는 낱말을 쓰세요. ㅣ어휘ㅣ

> | -쟁이 | '그런 성질이 많은 사람'의 뜻. |
> |---|---|
> | | 예) 방귀쟁이: 방귀를 자주 뀌는 사람. |
> | -장이 | '그것을 다루는 기술이 있는 사람'의 뜻. |
> | | 예) 옹기장이: 옹기를 만드는 사람. |
> | | * 옹기: 흙을 구워 만든 그릇. |

(1) 고집이 센 사람.

(2) 대장일을 직업으로 하는 사람.

　　* 대장일: 쇠를 달구어 칼, 낫, 호미 따위를 만드는 일.

(3) 욕심이 많은 사람.

(4) 도배 일을 직업으로 하는 사람.

　　* 도배: 벽과 천장 따위에 벽지를 붙이는 일.

틀린 문제 유형에 표시하세요.

□ □□□ □□ □ □
인물　내용 파악　추론　줄거리　배경지식

　어느 마을에 젊은 사냥꾼이 이웃과 함께 행복하게 살고 있었습니다. 마을에는 가난한 노인들이 많아서 먹을거리가 큰 걱정이었습니다. 마을 사람들은 젊은 사냥꾼이 잡아 온 물고기, 조개, 산짐승 등을 나눠 먹으며 살았습니다. 사냥을 많이 해 온 날이면 마을은 축제 분위기였지만, 그러지 못한 날이면 마을 사람들은 고픈 배를 안고 돌아서야 했습니다.

　어느 날, 사냥에 나선 사냥꾼은 바위에서 햇볕을 쬐고 있는 어린 거북을 보았습니다. 잠시 후 독수리가 거북을 낚아채더니 하늘로 날아올랐습니다. 사냥꾼은 독수리를 향해 활을 쏘았습니다. 화살이 독수리의 날개를 스치자 독수리는 입에 물고 있던 거북을 떨어뜨렸습니다.

　이튿날 사냥꾼은 숲속에서 어린 거북을 다시 만났습니다. 거북은 자신을 용왕의 아들이라고 소개하면서 사냥꾼을 용궁으로 데려갔습니다.

　용왕은 아들을 구해 준 감사의 표시로 사파이어, 진주 등 온갖 보석을 사냥꾼에게 주었습니다. 하지만 사냥꾼은 이를 거절하고, 대신 동물들과 대화할 수 있는 능력을 달라고 부탁했습니다. 훌륭한 사냥꾼이 되어 마을 사람들을 배불리 먹게 해 주고 싶었기 때문입니다. 용왕은 그런 능력이 있다는 걸 절대 말하면 안 된다는 조건으로 부탁을 들어주었습니다.

　동물들의 대화를 이해하게 된 사냥꾼은 동물을 더 많이 잡을 수 있었습니다. 마을은 사람들의 웃음소리로 가득했습니다.

　그러나 기쁨도 잠시, 어느 날 새들의 대화를 들은 사냥꾼은 곧 홍수가 나서 마을이 물에 잠긴다는 사실을 알았습니다. 사냥꾼은 홍수가 마을을 휩쓸기

　* 용궁: 용왕(바다에 살면서 바다를 거느리고 지배하는 임금)의 궁전.

전에 떠나야 한다고 사람들에게 말했습니다. 하지만 사람들은 홍수가 나는 것을 어떻게 알았는지 말하지 않으면 꼼짝할 수 없다고 했습니다. 사냥꾼은 혼자 떠날 수도 있었지만, 마을 사람들을 죽게 내버려 둘 수 없었습니다. 사냥꾼은 어쩔 수 없이 용왕과의 약속을 어기고 비밀을 털어놓았습니다.

그러자 검은 구름이 몰려오고 빗방울이 떨어지기 시작했습니다. 그리고 사냥꾼의 발이 점점 돌로 변해 갔습니다.

"내일 저 산이 번개에 맞을 겁니다!"

이렇게 외치자 사냥꾼의 다리가 완전히 돌로 변했습니다.

"온 동네가 홍수에 뒤덮일 겁니다!"

사냥꾼이 울먹이며 동네 저편을 가리키는 순간, 손도 돌이 되었습니다.

"그러니까 어서 마을을 떠나야 합니다!"

마지막 한마디가 떨어지자 사냥꾼의 입술도 순식간에 돌로 변하고 말았습니다. 너무 놀란 마을 사람들은 돌로 변한 사냥꾼 앞에서 슬피 울었습니다. 사람들은 집으로 돌아가 필요한 물건을 챙겨 피신했습니다. 사냥꾼의 말대로 홍수가 나서 마을은 물에 잠겼습니다.

여러 날이 지나 물이 빠지고 나서 마을 사람들은 가장 먼저 흙 속에서 돌이 된 사냥꾼을 찾아냈습니다. ㉠ 사람들은 사냥꾼을 산꼭대기에 세워 놓고 그를 의심했던 걸 깊이 뉘우쳤습니다.

(중국 전래 동화)

1 이 이야기의 주인공은 누구인가요? | 인물 |

① 마을 사람들   ② 젊은 사냥꾼

③ 독수리   ④ 거북

⑤ 용왕

2 사냥꾼이 구해 준 동물을 글에서 찾아 쓰세요. Ⅰ 내용 파악 Ⅰ

_____

3 사냥꾼이 동물과 대화할 수 있는 능력을 달라고 한 까닭은 무엇인가요? Ⅰ 내용 파악 Ⅰ

① 남과 다른 특별한 사람이 되고 싶어서.
② 아픈 동물들의 병을 낫게 해 주려고.
③ 사냥을 더 잘해 마을 사람들을 배불리 먹게 해 주려고.
④ 동물과 대화하는 능력을 지녀서 용왕이 되려고.
⑤ 특별한 능력으로 마을 사람들을 다스리려고.

4 사냥꾼이 용왕과의 약속을 어기고 비밀을 말한 까닭을 찾으세요. Ⅰ 내용 파악 Ⅰ

① 마을 사람들에게 자랑하려고.
② 약속을 중요하게 생각하지 않아서.
③ 약속을 어기면 어떻게 되는지 궁금해서.
④ 마을 사람들을 살리려고.
⑤ 마을 사람들을 속이려고.

5 사냥꾼에 대한 설명으로 거리가 <u>먼</u> 것을 고르세요. Ⅰ 추론 Ⅰ

① 남을 잘 배려한다.   ② 책임감이 강하다.
③ 희생정신이 강하다.   ④ 이웃을 잘 돕는다.
⑤ 욕심이 많다.

6 사냥꾼이 돌로 변하게 된 까닭을 바르게 말한 사람은 누구인가요? |추론|

① 지수: 사냥꾼이 마을 사람들에게 거짓말을 했기 때문이야.

② 다영: 사냥꾼이 독수리를 활로 쏘았기 때문이야.

③ 서정: 화가 난 동물들이 마법을 부렸기 때문이야.

④ 지은: 사냥꾼이 번개에 맞았기 때문이야.

⑤ 하나: 사냥꾼이 용왕과 맺은 약속을 어겼기 때문이야.

7 이야기의 내용을 정리한 것입니다. 순서에 맞게 번호를 쓰세요. |줄거리|

① 사냥꾼이 홍수가 온다는 것을 알렸지만 마을 사람들은 믿지 않았다.

② 사냥꾼은 동물과 대화할 수 있는 능력을 얻었다.

③ 사냥꾼은 사냥을 하여 마을 사람들과 나눠 먹으며 행복하게 살았다.

④ 사냥꾼은 마을 사람들에게 비밀을 털어놓은 후에 돌이 되었다.

⑤ 사냥꾼은 독수리에게 잡아 먹힐 뻔한 어린 거북을 구해 주었다.

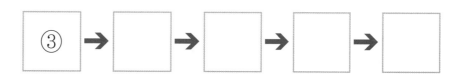

8 ㉠과 관련 있는 말로, '일이 잘못된 뒤에 후회해도 소용이 없다'라는 뜻의 속담을 고르세요. |배경지식|

① 소 잃고 외양간 고친다

② 등잔 밑이 어둡다

③ 고양이 앞에 쥐

④ 가는 말이 고와야 오는 말이 곱다

⑤ 세 살 적 버릇 여든까지 간다

　옛날 어느 마을에 '공짜'라는 이름의 남자가 아내와 함께 살았습니다. 부부는 무척 가난했습니다.

　마을 사람들은 남편의 이름 때문에 부부가 가난하게 사는 것이라고 말했습니다. 아내는 그런 말을 들을 때마다 불쾌했습니다. 하지만 곰곰이 생각해 보니 맞는 말 같았습니다. 그래서 남편에게 말했습니다.

　"여보, 당신의 이름을 바꾸세요. 만약에 당신이 이름을 바꾸지 않으면 저는 친정으로 돌아갈 거예요."

　이름 때문에 자신을 버리고 친정으로 가겠다는 아내의 말에 남편은 몹시 화가 났습니다.

　"부모님께서 지어 주신 이름을 바꾸라니, 나는 그럴 수 없소!"

　남편이 딱 잘라 말하자 아내는 무척 서운했습니다. 아내는 짐을 싸서 뒤도 돌아보지 않고 집을 나왔습니다.

　좁은 골목을 빠져 나와 큰길에 이르렀을 때였습니다. 행색이 초라한 할머니께서 마른 쇠똥을 줍고 있었습니다. 아내는 할머니의 이름이 뭐기에 저렇게 궂은일을 하는지 궁금했습니다.

　"할머니, 성함이 어떻게 되세요?"

　"내 이름은 '부자 여신'이라고 해. 아주 잘사는 여신이라는 뜻이지. 그런데 남의 이름은 알아 뭐 하려고?"

　아내는 쓴웃음을 지었습니다. '부자 여신'이라는 근사한 이름으로 살면서 겨우 쇠똥 줍는 일을 하는 할머니가 불쌍해 보였습니다.

　아내는 친정을 향해 걸음을 재촉했습니다. 한참을 가니 밭에서 땀을 흘리며 쟁기질하고 있는 농부가 보였습니다. 아내는 농부의 이름도 궁금하였습니다.

"아저씨, 실례지만 이름 좀 가르쳐 주세요."

"내 이름은 '재산지기'라오. 세상의 재산을 잘 지켜 준다는 뜻이지요."

아내는 마음속으로 '그런 멋진 이름을 가지고 왜 저렇게 힘들게 살지?' 하고 생각했습니다.

친정이 가까워졌을 무렵이었습니다. 골목에 들어서자 어느 집에서 슬피 우는 소리가 들렸습니다. 할아버지가 돌아가셔서 가족들이 통곡하는 소리였습니다. 아내는 돌아가신 분의 이름을 물어보았습니다.

"'영생'이라는 분이에요."

아내는 깜짝 놀랐습니다. '영생'이란 죽지 않고 영원히 산다는 뜻이기 때문입니다. 아내는 정신이 번쩍 들었습니다.

'아, 꼭 자신의 이름처럼 사는 건 아니구나!'

그제야 아내는 남편의 이름 때문에 가난하게 사는 것이 아니라는 걸 깨달았습니다. 아내는 집으로 돌아가 남편에게 용서를 구했습니다.

그날 이후 부부는 서로 도와가며 행복하게 살았습니다.

(인도 전래 동화)

1 이 글을 통해 배울 수 있는 교훈 무엇인가요? | 주제 |

① '공짜'를 좋아하면 안 된다.

② 부부 싸움을 하지 말아야 한다.

③ 이름을 함부로 바꾸면 안 된다.

④ 이름이 훌륭하다고 행복한 삶을 사는 건 아니다.

⑤ 이름을 잘 지어야 한다.

2 다음 뜻풀이에 알맞은 낱말을 글에서 찾아 쓰세요. |어휘|

(1) 겉으로 보이는 사람의 차림새.

(2) 결혼한 여자의 부모가 사는 집.

(3) 큰 소리로 슬프게 우는 것.

(4) 마음에 거리끼고 하기 싫은 일.

(5) 마음에 없는데도 억지로 웃는 웃음.

3 아내가 친정으로 가던 길에 만난 세 사람의 이름을 쓰세요. |내용 파악|

_____ , _____ , _____

4 이 글의 내용과 같은 것을 고르세요. |내용 파악|

① 마을 사람들은 아내의 이름 때문에 부부가 가난하게 산다고 말했다.
② 남편은 아내에게 이름을 바꾸라고 말했다.
③ 큰길에서 만난 할머니는 소에게 먹일 풀을 베고 있었다.
④ 이름이 '재산지기'인 사람은 재산을 지켜 주는 일을 했다.
⑤ 어느 집에 이름이 '영생'인 할아버지가 죽었다.

5 남편이 이름을 바꾸지 않으려는 까닭은 무엇인가요? | 내용 파악 |

① 음식을 공짜로 얻어먹으려고.

② 부모님이 지어 주신 이름이라서.

③ 이름을 바꾸려면 돈이 많이 들어서.

④ 아내의 말을 듣고 싶지 않아서.

⑤ 이름을 바꾸면 사람들이 자신을 놀릴 것 같아서.

6 이 글과 어울리지 <u>않는</u> 생각이나 느낌을 말한 사람은 누구인가요? | 감상 |

① 하원: 이름이 멋지다고 해서 훌륭한 사람이 되는 건 아니야.

② 재성: 자신이 어떻게 생각하고 행동하느냐에 따라서 삶이 달라질 수 있어.

③ 시은: 사람은 반드시 이름처럼 살아가기 때문에 좋은 이름을 지어야 해.

④ 도윤: 멋진 이름도 좋지만, 착하고 성실하게 살아가는 게 더 중요해.

⑤ 은우: 이름을 탓하지 말고 자기에게 주어진 일을 열심히 해야 해.

7 '착하고 훌륭한 일을 하면, 그 사람의 이름이 후세에 남는다'라는 뜻을 지닌 속담을 고르세요. | 배경지식 |

① 웃는 낮에 침 뱉으랴

② 콩 심은 데 콩 나고, 팥 심은 데 팥 난다

③ 방귀 뀐 놈이 성낸다

④ 윗물이 맑아야 아랫물이 맑다

⑤ 호랑이는 죽어서 가죽을 남기고 사람은 죽어서 이름을 남긴다

　　완두콩 다섯 알이 한 꼬투리 속에 사이좋게 살고 있었습니다. ㉠ <u>콩알도 초록색이고 꼬투리도 초록색이어서 완두콩 오 형제는 세상이 온통 초록빛인 줄 알았습니다.</u>

　　꼬투리는 점점 커 갔고, 완두콩들도 무럭무럭 자랐습니다.

　　"우린 언제쯤 밖으로 나갈 수 있을까? 세상에 나가면 재미있는 일도 엄청 많을 거야."

　　완두콩 형제들은 넓은 세상으로 나갈 날을 손꼽아 기다렸습니다.

　　몇 주일이 지났습니다. 콩알과 꼬투리가 노랗게 익었습니다. 완두콩 형제들은 세상이 노란빛으로 변했다며 아우성쳤습니다.

　　그때였습니다. 꼬투리가 갑자기 흔들렸습니다. 누군가 비틀어 딴 것입니다. 콩꼬투리가 열리며 완두콩 형제들은 세상 밖으로 나왔습니다. 그곳은 바로 남자아이의 손바닥 위였습니다.

　　"이 완두콩을 장난감 총알로 쓰면 좋겠네!"

　　남자아이는 장난감 총 속에 완두콩 다섯 알을 넣고 쏘았습니다. 콩알들은 저마다 희망에 부풀어 어딘가를 향해 날아갔습니다. 마지막 다섯 번째 콩알이 날아간 곳은 어느 집의 다락방 창문 틈새였습니다.

　　막내 콩알은 흙과 이끼가 가득한 창틀이 마음에 들었습니다. 그런데 잠시 후, 어디선가 흐느끼는 소리가 들려왔습니다.

　　"얘야, 힘을 내렴. 넌 금방 나을 수 있을 거야."

* 아우성쳤습니다: 여럿이 악을 쓰면서 크게 소리 질렀습니다.
* 다락방: 지붕 바로 아래에 이 층처럼 높게 만든 방.
* 이끼: 그늘지고 축축한 곳에서 자라는 작은 식물.

초라한 다락방에는 어머니와 병든 딸아이가 살고 있었습니다. 어머니가 일을 가시면 아이는 하루 내내 방 안에 누워서 혼자 지냈습니다. 아이는 일 년 내내 누워 지낸 탓에 얼굴빛이 무척 창백했습니다.

어느 봄날 아침이었습니다. 창밖을 보던 아이가 소리쳤습니다.

"엄마, 저기 파란 게 뭐죠? 바람에 살랑살랑 흔들리는 거 말이에요."

"어머나, 완두콩 싹이구나. 어떻게 이런 창틀에서 싹을 틔웠을까?"

어머니는 싹을 잘 볼 수 있도록 아이의 침대를 창가로 옮겨 주었습니다.

이제 아이는 완두콩 싹을 지켜보느라 혼자 집에 있어도 쓸쓸하지 않았습니다. 아이는 일을 마치고 돌아온 어머께 말했습니다.

"엄마, 완두콩이 자라는 걸 보니, 내 병도 곧 나을 것 같아요."

어머니는 아이가 희망을 품어 무척 다행이라고 생각했습니다.

완두콩은 하루가 다르게 쑥쑥 자랐습니다.

"어머, 완두콩 꽃이 피었네! 예쁘기도 해라."

어느 날 아침, 일하러 나가던 어머니가 갑자기 큰 소리로 외쳤습니다. 사실 어머니는 꽃이 핀 것보다 아이가 건강해진 것이 기뻤습니다. 창틀에 완두콩의 싹이 튼 이후부터 아이가 몰라보게 건강해졌던 것입니다.

"완두콩아, 고맙구나. 네 덕분에 내 딸이 기운을 되찾을 수 있었단다."

어머니는 눈물을 닦으며 완두콩에게 감사 인사를 했습니다.

(안데르센)

* 창백했습니다: 얼굴에 핏기가 없어 하얬습니다.

1 이 글에 나오지 <u>않는</u> 인물은 누구인가요? |인물|

① 완두콩　　　　② 남자아이　　　　③ 여자아이

④ 어머니　　　　⑤ 아버지

2 '콩, 팥 같은 식물의 씨가 들어 있는 껍질'의 뜻을 지닌 낱말을 찾아 쓰세요. ㅣ어휘ㅣ

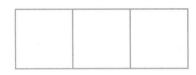

3 완두콩들은 왜 세상이 초록빛일 거라고 생각했나요? ㅣ내용 파악ㅣ

① 봄이 되어 초록빛 새싹이 솟아올라서.

② 길에 난 풀이 초록빛이라서.

③ 콩알도 콩꼬투리도 초록빛이라서.

④ 세상이 초록빛으로 변해서.

⑤ 초록빛을 좋아해서.

4 일 년 내내 누워 지내던 아이는 무엇을 보고 기운을 차리게 되었나요? ㅣ내용 파악ㅣ

① 따뜻한 햇살이 비치는 창문.

② 완두콩 싹이 자라는 모습.

③ 여러 가지 꽃이 피는 모습.

④ 어머니의 웃는 얼굴.

⑤ 창밖으로 보이는 파란 하늘.

5 다섯째 완두콩이 거쳐 간 곳을 순서대로 나열한 것을 고르세요. ㅣ내용 파악ㅣ

① 꼬투리 → 장난감 총 → 창틀 　　② 창틀 → 꼬투리 → 장난감 총

③ 창틀 → 장난감 총 → 꼬투리 　　④ 꼬투리 → 창틀 → 장난감 총

⑤ 장난감 총 → 창틀 → 화분

6 이 글의 내용과 다른 것을 고르세요. | 내용 파악 |

① 완두콩 다섯 알이 한 꼬투리 속에 살았다.

② 막내 완두콩은 다락방 창틀에 떨어졌다.

③ 막내 완두콩은 흙과 이끼가 있는 창틀이 마음에 들었다.

④ 다락방에는 병든 어머니와 어린 딸이 살고 있었다.

⑤ 창틀에 완두콩의 싹이 튼 이후 아이가 건강해지기 시작했다.

7 빈칸에 '앞으로 일어날 일에 대한 좋은 기대'의 뜻을 지닌 낱말을 쓰세요. | 어휘 |

아이는 완두콩 싹을 보며 병이 나을 수 있다는 [　][　] 을 가졌다.

8 이 글에 나오는 인물의 마음을 잘못 이해한 사람을 고르세요. | 감상 |

① 재원: 꼬투리 속에 있던 완두콩 형제들은 아주 답답했을 거야.

② 소은: 완두콩은 소녀가 하루 내내 자신을 지켜보아서 무척 싫었을 거야.

③ 희정: 날마다 홀로 누워 있었던 아이는 너무 외로웠을 거야.

④ 주이: 아이의 병이 나아가는 모습을 보고 완두콩은 무척 기뻤을 거야.

⑤ 현정: 아픈 딸을 보는 어머니는 굉장히 속상했을 거야.

9 ㉠과 관계있는 속담을 고르세요. | 배경지식 |

① 발 없는 말이 천 리 간다　　② 꿩 대신 닭

③ 우물 안 개구리　　④ 고양이 쥐 생각해 준다

⑤ 가재는 게 편

　옛날 몽고의 어느 마을에 스호오라는 목동이 살았습니다. 스호오는 부모님이 일찍 돌아가셔서 할머니와 단둘이 살았습니다.

　어느 날, 일을 마치고 집으로 돌아오는 길에 스호오는 망아지 한 마리를 보았습니다. 엄마를 잃고 버려진 망아지를 보니 가여운 생각이 들었습니다. 스호오는 망아지를 데려와 정성스럽게 보살펴 주었습니다. 그런 스호오의 마음을 아는 듯, 망아지도 스호오를 잘 따르며 훌륭한 말로 자랐습니다.

　어느 화창한 봄날, 왕이 경마 대회를 열었습니다. 왕은 우승자를 공주와 결혼시키겠다고 약속했습니다. 스호오도 친구들의 권유로 출전하였습니다. "땅!" 하는 총소리와 함께 경기가 시작되었습니다. 말은 온몸이 땀에 흠뻑 젖도록 내달렸습니다. 지기 싫어하는 스호오의 성격을 아는 말은 쉼 없이 결승선을 향해 달렸습니다. 결국 스호오가 우승을 차지했습니다. 친구들과 스호오는 환호를 지르며 기뻐했습니다. 그것도 잠시, 화가 난 왕이 스호오를 찾았습니다.

　"목동 따위인 네게 귀여운 내 딸을 줄 수 없다. 말 값으로 금돈 세 닢을 줄 테니 그걸 가져가거라."

　왕은 약속을 어기고 말까지 빼앗았습니다.

　"그럴 수 없습니다. 저는 경마에 나온 것이지 말을 팔러 온 게 아닙니다."

　스호오의 말에도 아랑곳없이 신하들은 그를 끌고 나갔습니다. 스호오는 정신을 잃을 정도로 흠씬 두들겨 맞고 집으로 돌아왔습니다. 할머니의 보살핌으로 몸은 차츰 회복해 갔지만, 빼앗긴 말을 생각하면 마음이 아팠습니다.

　며칠 후, 스호오가 잠자리에 들려는 순간이었습니다. 누군가 문을 두드리는 소리가 들렸습니다. 나가 보니, 말이 문을 두드리며 흐느껴 울고 있었습니다. 몸 여기저기에는 화살이 박혀 피가 흐르고 있었습니다.

　말이 만신창이가 되어 돌아온 데에는 까닭이 있었습니다. 스호오에게서 말을 빼앗은 왕은 친척과 신하들을 초대해 잔치를 베풀었습니다. 한껏 흥에 취한 왕은 사람들 앞에서 의기양양하게 말에 올라탔습니다. 왕이 올라앉자마자 말은 앞발을 위로 치켜들고 몸부림을 쳐 왕을 떨어뜨렸습니다. 머리끝까지 화가 치솟은 왕은 도망치는 말을 활로 쏘아 죽이라고 명령했습니다.

　말은 온몸에 화살을 맞아가며 스호오를 찾아온 것입니다. 가까스로 스호오에게 돌아온 말은 그의 품에 안겨 숨을 거두었습니다.

　사랑하던 말을 떠나보낸 스호오는 슬픔에 잠겼습니다. 말을 그리워하며 울다 잠들곤 했습니다. 어느 밤, 스호오의 귓가에 말이 구슬피 우는 소리가 들렸습니다. 고개를 들어 보니 그토록 그리워하던 말이 눈앞에 있었습니다.

　"주인님, 제 뼈와 힘줄과 꼬리털로 해금을 만드세요. 그러면 당신이 연주할 때마다 저도 당신의 마음속에 찾아와 함께 있을 거예요."

　스호오는 눈을 번쩍 떴습니다. 너무나 생생한 꿈이었습니다. 스호오는 죽은 말의 뼈와 힘줄 그리고 꼬리털로 해금을 만들었습니다. 그리고 말이 그리울 때마다 해금을 연주했습니다. 해금을 켜면 스호오의 마음도 평화로웠습니다. 해금 소리에 말이 찾아와, 자신을 태우고 넓은 초원을 힘차게 달리는 것 같았습니다.

(몽골 전래 동화)

1 이 글의 주제로 알맞은 것을 고르세요. | 주제 |

① 왕의 욕심.　　　　　　② 말의 복수.

③ 목동의 질투.　　　　　　④ 목동과 말의 우정.

⑤ 왕과 말의 우정.

2 다음 중 낱말의 뜻을 잘못 풀이한 것을 찾으세요. |어휘|

① 목동: 소, 양, 말 따위의 가축을 돌보는 아이.

② 망아지: 나이를 많이 먹은 말.

③ 경마: 말을 타고 빨리 달리기를 겨루는 경기.

④ 아랑곳없이: 어떤 일에 상관이 없거나 관심이 없이.

⑤ 만신창이: 온몸이 상처투성이인 상태.

3 스호오는 말의 무엇으로 해금을 만들었나요? 세 가지를 쓰세요. |내용 파악|

_____, _____, _____

4 다음 중 해금은 어느 것인가요? |배경지식|

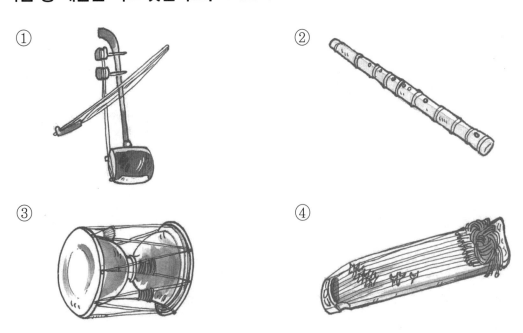

① ② ③ ④

5 이 글과 어울리지 <u>않는</u> 느낌이나 생각을 말한 사람은 누구인가요? ㅣ감상ㅣ

① 은영: 약속을 지키지 않은 왕이 나빠. 약속은 꼭 지켜야 해.

② 강민: 스호오는 엄마 잃은 망아지가 자신의 처지와 같다고 생각한 것 같아.

③ 창수: 죽은 말로 해금을 만들어 연주하다니. 스호오는 너무 잔인해.

④ 태영: 화살을 맞아가며 찾아온 말이 스호오의 품에서 죽을 때 무척 슬펐어.

⑤ 광호: 해금 소리를 들어 본 적은 없지만, 이야기를 읽고 나니 왠지 슬플 것 같아.

6 다음은 이 글의 줄거리입니다. 빈칸에 알맞은 말을 넣어 글을 완성하세요. ㅣ요약ㅣ

스호오는 버려진 □□□ 를 집으로 데려와 훌륭하게 키웠다.

어느 봄, 왕이 경마 대회를 열어 □□□ 는 공주와 결혼시키겠다고 했다. 스호오가 대회에서 우승을 차지하자 왕은 □□ 을 어기고 말까지 빼앗았다. 스호오는 흠씬 두들겨 맞고 집으로 돌아왔다.

며칠 후, 말은 몸에 □□ 이 박힌 채 스호오를 찾아왔다. 그리고는 스호오의 품에 안겨 숨을 거두었다.

스호오의 꿈에 나타난 말은 자신의 뼈와 힘줄과 꼬리털로 □□ 을 만들라고 했다. 스호오는 말이 그리울 때마다 그것으로 연주했다. 그러면 말과 함께 넓은 초원을 달리는 것 같았다.

㉠ 오랫동안 비가 오지 않았습니다. 땅은 바짝 말라서 거북이 등처럼 갈라 졌고 강과 개울, 우물까지도 모두 말라 버렸습니다. 사람들과 동물들도 목 이 말라 죽어 가고 있었습니다.

어느 날, 한 소녀가 나무로 만든 국자를 들고 집을 나섰습니다. 병든 어머 니를 위해서 물을 구하러 나온 것이었습니다. 하지만 어디에서도 물을 구할 수 없었습니다.

소녀는 여기저기 돌아다니다가 지쳐서 들판의 풀 위에 앉아 잠깐 잠이 들 어 버렸습니다.

"아, 내가 깜박 잠이 들었구나. 그런데 이게 뭐지?"

소녀가 눈을 비비며 국자를 집어 드는 순간, 국자 안에 맑은 물이 찰랑찰 랑 고여 있는 것이 보였습니다. 소녀는 매우 기뻐하며 그 물을 마시려고 하 다가 꾹 참았습니다.

'아니야, 어머니께 갖다 드려야 해.'

소녀는 국자를 쥐고 집으로 달려가기 시작했습니다. 그런데 너무 서둘러 달려가다가 그만 조그만 강아지에 걸려 넘어지고 말았습니다. 강아지는 아 픈 듯이 낑낑거렸고 소녀가 놓친 국자는 옆으로 굴러갔습니다.

"아, 물을……. 어쩌면 좋아!"

그런데 신기하게도 물은 조금도 엎질러지지 않았습니다.

강아지가 낑낑거리는 소리에 소녀는 내려다보았습니다. 강아지는 국자를 애처롭게 올려다보고 있었습니다.

"너도 목이 마르구나, 기다려, 조금 나누어 줄게."

소녀는 손바닥에 물을 조금 따라 강아지에게 주었습니다. 강아지는 깨끗하게 핥아먹고 꼬리를 흔들었습니다.

소녀가 국자를 집어 들다가 깜짝 놀랐습니다.

"어머, 나무 국자가 은 국자로 변했어!"

소녀는 집으로 가서 어머니께 국자를 내밀었습니다.

"어머니, 물을 구해 왔어요. 시원하게 마시세요."

"아니다. 어차피 난 병이 들어 살기 어려우니 네가 마셔라."

어머니가 딸에게 국자를 다시 내미는 순간 국자는 반짝반짝 빛나는 금 국자로 변했습니다. 어머니는 끝까지 물을 안 마시겠다며 국자를 소녀에게 주었습니다. 소녀가 마른침을 꿀꺽 삼키고 물을 마시려 할 때였습니다.

갑자기 한 나그네가 문을 열고 들어와 부탁했습니다.

"목이 너무 말라 그러니 제발 물 한 모금만 주세요."

소녀는 자신이 목이 마른 것도 참고 나그네에게 국자를 건네주었습니다. 그러자 국자 속에서 국자 모양의 일곱 개의 보석이 떠오르더니, 땅에서 시원하고 깨끗한 물이 힘차게 솟아올랐습니다.

많은 사람이 찾아와 시원하게 물을 마시는 동안 국자에서 나온 보석들은 하늘로 떠올라 북두칠성이 되었습니다.

(톨스토이)

* 마른침: 긴장했을 때 자기도 모르게 삼키는 적은 양의 침
* 북두칠성: 북쪽 하늘에서 국자 모양을 이루는 일곱 개의 별.

1 ㉠과 같은 날씨를 표현한 낱말을 고르세요. |어휘|

① 장마   ② 무더위   ③ 가뭄

④ 우박   ⑤ 한파

2 소녀는 왜 나무 국자를 들고 집을 나섰나요? │내용 파악│

① 이웃집에서 국을 얻어 오려고.

② 옆집에서 국자를 빌려 달라고 해서.

③ 어머니께 드릴 물을 구하려고.

④ 병든 어머니께 드릴 약을 담아 오려고.

⑤ 국자를 팔아서 어머니께 드릴 음식을 사려고.

3 하늘로 올라간 별들은 어떤 모습이 되었을까요? │추론│

①

②

③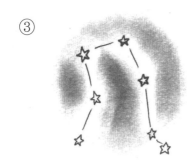

④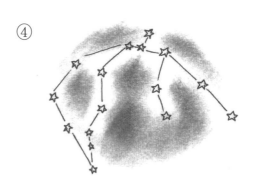

4 이 글의 처음과 끝부분에 드러난 소녀의 마음 변화로 알맞은 것을 고르세요. │추론│

① 기쁨 → 부끄러움   ② 슬픔 → 기쁨

③ 화남 → 안타까움   ④ 억울함 → 행복

⑤ 설렘 → 즐거움

5 소녀의 성격으로 알맞은 것을 고르세요. | 추론 |

① 게으르다.   ② 겁이 많다.
③ 욕심이 많다.   ④ 호기심이 많다.
⑤ 자신보다 남을 먼저 생각한다.

6 이 글의 내용과 어울리지 <u>않는</u> 느낌을 말한 사람을 고르세요. | 감상 |

① 성연: 소녀가 마실 물을 빼앗아 먹은 나그네는 정말 나쁜 사람이야.
② 중원: 물을 구한 소녀가 강아지에 걸려 넘어졌을 때 무척 안타까웠어.
③ 유나: 아픈 어머니께서 물을 드시지 않고 딸에게 먹으라고 할 때 슬펐어.
④ 인주: 소녀가 남을 배려하고 착하게 살아서 좋은 일이 생긴 것 같아.
⑤ 민재: 자기도 목이 마르면서 남을 먼저 배려하는 소녀가 무척 대견해.

7 빈칸을 채워 이 글의 줄거리를 완성하세요. | 요약 |

> 한 소녀가 병든 어머니를 위해 ☐☐ 을 구하러 나왔다. 소녀가
> 잠깐 자고 일어나 보니 나무 ☐☐☐ 에 물이 가득 담겨 있었
> 다. 소녀가 강아지에게 물을 나누어 주자 나무 국자가 ☐☐ 국자
> 로 변했다. 또 어머니가 딸에게 양보하자 ☐☐ 국자로 변했다. 다
> 시 나그네에게 물을 나누어 주자 국자에서 보석이 나타나더니 하늘
> 로 올라가 ☐☐☐☐ 이 되었다.

어느 마을에 마음씨 착한 구두장이 할아버지가 살았습니다. 머리가 하얀 할아버지는 하루 내내 열심히 구두를 만들어 팔았습니다. 하지만 가난을 벗어나지 못했습니다. 구둣방을 찾은 손님들이 색깔이 어둡다거나 굽이 낮다는 이유로 트집을 잡아 구두를 헐값에 사 갔기 때문입니다. 어느덧 할아버지에게는 겨우 구두 한 켤레를 만들 수 있는 가죽만 남았습니다.

"이걸로 구두를 만들어 팔면, 구두 두 켤레를 만들 가죽을 살 수 있을 거야."

할아버지는 빙그레 웃으며 마지막 남은 가죽을 구두 모양으로 잘라 놓았습니다. 그러고는 할머니와 함께 편안하게 잠자리에 들었습니다.

다음 날 아침, 할아버지는 일찌감치 구둣방에 나왔습니다. 그런데 작업대 위에는 어젯밤 잘라 놓았던 가죽 대신 멋진 구두가 놓여 있었습니다.

"아니, 누가 이렇게 멋진 구두를 만들어 놓았지?"

잠시 후, 한 신사가 들어와 작업대 위에 놓인 구두를 보고 말했습니다.

"이렇게 훌륭한 구두는 처음 봅니다. 돈은 얼마든지 줄 테니, 이 구두를 저에게 파십시오."

할아버지는 신사에게 구두를 판 돈으로, 구두 두 켤레를 만들 수 있는 가죽을 샀습니다. 저녁이 되자 할아버지는 가죽을 예쁘게 잘라 놓고 잠자리에 들었습니다.

다음 날, 작업대 위에는 근사한 구두 두 켤레가 놓여 있었습니다. 구두는 순식간에 팔렸습니다. 할아버지는 그 돈으로 다시 구두 네 켤레를 만들 가죽을 샀습니다. 그다음 날도, 또 그다음 날도 똑같은 일이 일어났습니다. 구둣방을 찾아오는 손님들도 점점 늘어나 할아버지는 돈을 많이 벌었습니다. 크리스마스를 며칠 앞둔 밤이었습니다.

"할멈, 오늘은 밤을 새워서라도 누가 구두를 만들어 주는지 알아보는 게 어떻겠소?"

할머니는 고개를 끄덕였습니다. 두 사람은 구둣방 한구석에 몸을 숨겼습니다. 어느새 깊은 밤이 찾아왔습니다. 살며시 창문이 열리더니 발가벗은 꼬마 요정 둘이 들어왔습니다.

"자, 이제 슬슬 일을 시작해 볼까?"

꼬마 요정들은 작은 손으로 한 땀 한 땀 바느질을 하고 똑딱똑딱 못질을 했습니다. 잠시도 쉬지 않고 멋진 구두를 만들어 놓고는 창밖으로 사라져 버렸습니다.

그 모습을 지켜본 할아버지와 할머니는 잠시 생각에 잠겼습니다.

"꼬마 요정들 덕분에 부자가 되었으니 작은 보답이라도 해야겠어요."

할머니의 말에 할아버지가 고개를 끄덕였습니다. 두 사람은 ㉠머리를 맞대고 어떻게 보답해야 할지 한참 고민했습니다.

"옳지! 난 요정들을 위해 따뜻한 윗옷과 바지를 만들게요. 당신은 멋진 구두를 만들어 주세요."

"그거 좋은 생각이구려!"

할아버지와 할머니는 꼬마 요정들에게 줄 옷과 구두를 정성껏 만들어 작업대 위에 올려 두었습니다. 그러고는 한쪽 구석에 몸을 숨겼습니다.

그날 밤, 다시 꼬마 요정들이 찾아왔습니다. 작업대 위에는 잘라 놓은 가죽 대신 예쁜 옷과 멋진 구두가 놓여 있었습니다.

"야, 멋지다! 정말 따뜻하겠는걸."

"여기 신발도 있어. 어쩜 이렇게 꼭 맞을까!"

꼬마 요정들은 신이 나서 깔깔거리며 구둣방 안을 팔짝팔짝 돌아다녔습니다. 그 모습을 지켜보던 할아버지와 할머니는 빙그레 웃었습니다.

(그림 형제)

* 땀: 바느질할 때, 실을 꿴 바늘이 한 번 들어갔다가 나온 자국을 세는 말.

1 다음 중 낱말 풀이가 <u>잘못된</u> 것을 고르세요. | 어휘 |

① 굽: 구두 밑바닥의 뒤꿈치에 붙어 있는 부분.

② 트집: 별로 문제 되지 않는 것을 드러내어 불평하는 일.

③ 헐값: 그 물건의 원래 값보다 훨씬 싼 값.

④ 작업대: 일을 할 때 바닥에 까는 널빤지.

⑤ 보답: 남에게 입은 은혜나 고마움을 갚는 것.

2 ㉠ '머리를 맞대고'의 뜻으로 알맞은 것을 고르세요. | 표현 |

① 머리를 마주 대어 기억을 해 내고.

② 최선을 다해서 노력하고.

③ 두 사람이 서로 머리를 부딪치고.

④ 서로 모여서 어떤 일을 의논하고.

⑤ 서로 상대방의 머리를 잡고.

3 구둣방 할아버지에 대해 <u>잘못</u> 말한 것을 찾으세요. | 내용 파악 |

① 머리가 하얗다.　　　　　② 욕심이 많다.

③ 성실하다.　　　　　　　④ 마음씨가 착하다.

⑤ 긍정적이다.

4 요정들은 어디를 통해서 구둣방으로 들어왔나요? | 내용 파악 |

① 굴뚝　　　　② 벽　　　　③ 창문

④ 현관　　　　⑤ 지붕

5 이 이야기와 어울리지 <u>않는</u> 느낌을 말한 사람은 누구인가요? |감상|

① 재동: 부자가 되려면 다른 사람의 도움이 있거나 행운이 따라야 해.

② 슬비: 나도 할머니, 할아버지처럼 누군가의 도움을 받으면 꼭 갚을 거야.

③ 도윤: 할아버지가 착하고 성실하게 살아서 요정의 도움을 받은 거 같아.

④ 민성: 할아버지가 열심히 만든 구두를 싼값에 사려고 트집을 잡은 사람들이 나빠.

⑤ 유나: 겨우 구두 한 켤레 만들 가죽만 남았어도 희망을 잃지 않은 할아버지가 대단해.

6 그림을 보고 이야기의 순서에 맞게 번호를 쓰세요. |줄거리|

(1) (   )

(2) (   )

(3) (   )

(4) (   )

옛날에 한 농부가 아들 셋과 함께 살고 있었습니다. 농부는 무척 부지런했습니다. 하지만 세 아들은 아버지와는 달리 몹시 게을렀습니다.

"얘들아, 오늘은 누가 포도밭에 나와서 일을 하겠니?"

"큰형이 가세요. 저는 며칠 전에 가서 잡초를 뽑았어요."

"싫다. 둘째가 가거라. 나도 일주일 전에 가서 거름을 주었어."

"무슨 소릴 하는 거예요? 형이 일하러 간 건 한 달도 더 된 것 같은데요. 그리고 전 오늘 바빠요. 약속이 있단 말이에요."

농부는 고개를 절레절레 내젓고는 혼자 일을 하러 나왔습니다. 아침 일찍부터 김을 매면서도 걱정이 많았습니다.

'내가 죽으면 이 포도밭을 누가 가꿀까? 보나마나 잡초에 파묻혀 버리겠지. 포도 농사는 엉망이 될 거야.'

그러던 어느 날, 농부는 큰 병에 걸려 앓아눕고 말았습니다. 아무리 약을 써도 소용이 없었습니다. 다시는 못 일어날 것 같다는 생각이 들었습니다. 아픈 중에도 농부는 게으른 아들들을 걱정했습니다. 한참 생각하던 농부는 세 아들을 불러 앉히고 유언을 했습니다.

"얘들아, 잘 들어라. 나는 아무래도 다시 일어나지는 못할 것 같구나. 그래서 너희에게 마지막으로 할 말이 있다. 포도밭에 내가 보물을 깊이 숨겨 놓았다. 부지런히 땅을 헤치고 찾아보면 아마 발견할 수 있을 게다."

얼마 뒤, 농부는 세상을 떠나고 말았습니다. 아버지의 장례를 치르자마자

* 거름: 식물이 잘 자라도록 땅에 뿌리거나 섞는 물질.
* 김을 매면서도: 논밭에 난 잡초를 뽑으면서도.
* 유언: 죽기 전에 남기는 말.

세 아들은 포도밭으로 달려갔습니다. 그리고 구석구석 파헤치기 시작했습니다. 아침부터 저녁까지 넓은 포도밭을 모두 헤치고 뒤집어 보았습니다. 그러나 보물은 나오지 않았습니다.

"이상하다. 작은형, 뭐 발견한 거 있어요?"

"아니, 아무것도 없는데. 형은요?"

"나도 동전 한 닢 못 보았어. 아버지가 거짓말을 하셨을 리 없는데."

"좀 더 깊이 숨겨 두셨을지도 몰라. 우리 조금만 더 힘을 내 보자."

세 형제는 이마의 땀을 닦으며 다시 괭이와 호미를 집어 들었습니다.

그러는 사이에 여름이 지나고 가을로 접어들었습니다. 세 형제는 아무런 보물도 발견하지 못하고 지쳐 버렸습니다. 막내가 뽑던 잡초를 집어던지며 투덜거렸습니다.

"형, 아무래도 보물 따윈 없나 봐요. 이렇게 깊게 땅을 전부 파 보았는데 아무것도 없잖아요."

"글쎄……. 그런가 보다."

그때였습니다. 이웃 사람들이 웅성거리는 소리가 들려 왔습니다.

"와, 저 포도 좀 봐! 알이 탐스럽게 잘도 익었네!"

"어쩜 포도송이가 저렇게 크고 먹음직스러울까!"

세 형제는 어리둥절해서 주위를 둘러보았습니다. 정말 세 형제가 모르는 사이에 포도밭은 놀랍게 변해 있었습니다. 굵고 탐스러운 포도가 포도덩굴마다 주렁주렁 달려 있었습니다. 지난여름 보물을 찾는다면서 자신들도 모르게 포도밭을 열심히 파헤친 덕택이었습니다.

"형, 나 보물을 찾은 거 같아요."

막내가 들뜬 목소리로 말했습니다.

* 헤치고: 덮인 것을 파고.
* 어리둥절해서: 무슨 일인지 몰라 얼떨떨해서.

"그래, 나도 그런 것 같구나."

큰형도 주위를 둘러보며 중얼거렸습니다.

"이렇게 ㉠ 눈에 보이는 훌륭한 보물도 발견했지만, 아버지는 ㉡ 눈에 보이지 않는 더 소중한 보물을 물려주고 가셨구나. 그걸 이제야 깨닫다니……."

동생들도 미소를 지으며 고개를 끄덕거렸습니다.

(이솝 우화)

* 들뜬: 마음이 가라앉지 않고 붕 뜬.

1 이 글의 제목으로 가장 어울리는 것을 고르세요. |제목|

① 부지런한 농부   ② 농부의 거짓말

③ 아버지의 죽음   ④ 포도밭의 보물

⑤ 포도밭의 잡초

2 다음 농기구의 이름을 글에서 찾아 쓰세요. |어휘|

(1)

(2)

3 이 글의 내용으로 맞는 것에는 O, 틀린 것에는 X 하세요. | 내용 파악 |

① 농부 부부와 아들 셋의 이야기다. ( )

② 막내는 부지런하지만, 큰형과 작은형은 게으르다. ( )

③ 농부는 큰 병에 걸려 죽었다. ( )

④ 포도밭에 값비싼 보물이 묻혀 있었다. ( )

⑤ 보물을 찾은 뒤에도 세 형제는 게을렀다. ( )

⑥ 포도밭에 포도가 탐스럽게 열렸다. ( )

4 다음은 세 형제의 생각입니다. 글의 내용을 떠올리며 순서대로 나열하세요.

| 줄거리 |

① '보물? 당장 땅을 파 봐야겠다.'

② '아버지께서 말씀하신 보물의 뜻을 이제야 알겠어.'

③ '진짜 포도가 탐스럽게 열렸네!'

④ '아, 일하기 싫어. 너무 귀찮아. 놀고만 싶다.'

⑤ '도대체 보물이 어디에 있는 거야!'

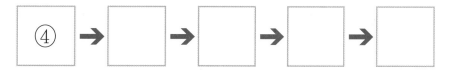

④ → ☐ → ☐ → ☐ → ☐

5 농부가 포도밭에 보물이 있다고 말한 까닭은 무엇일까요? | 추론 |

① 제일 먼저 찾는 아들에게 보물을 남겨 주려고.

② 아들 셋이서 보물을 잘 나누어 가지라고.

③ 보물과 집, 포도밭을 공평하게 나누어 주려고.

④ 형에게만 주면 동생들이 화를 낼까 봐.

⑤ 땅을 부지런히 헤집으면 포도가 잘 자란다는 사실을 알려 주려고.

6 이 글에서 ㉠과 ㉡은 무엇인가요? 바르게 짝지은 것을 찾으세요. | 추론 |

① ㉠ – 값비싼 보석,   ㉡ – 이웃 사람들의 칭찬.

② ㉠ – 값비싼 보석,   ㉡ – 부지런히 일한 보람.

③ ㉠ – 탐스러운 포도,   ㉡ – 이웃 사람들의 칭찬.

④ ㉠ – 탐스러운 포도,   ㉡ – 부지런히 일한 보람.

⑤ ㉠ – 포도밭,   ㉡ – 부지런히 일한 보람.

7 농부가 죽기 전에 세 아들에게 진짜 하려고 했던 말은 무엇일까요? | 추론 |

① 보물을 셋이서 잘 나누어 가져라.

② 부지런히 일하고 형제들끼리 사이좋게 지내라.

③ 평생 모은 보물이니 아껴 쓰거라.

④ 포도밭은 어떤 일이 있어도 팔지 말아라.

⑤ 밭에는 포도만 심어야 한다.

돌이네 흰둥이가 똥을 눴어요. 골목길 담 밑 구석 쪽이에요. 흰둥이는 조그만 강아지니까 강아지똥이에요.

날아가던 참새 한 마리가 보더니 강아지똥 곁에 내려앉아 콕콕 쪼면서

"똥! 똥! 에그 더러워……."

하면서 날아가 버렸어요.

"뭐야! 내가 똥이라고? 더럽다고?"

강아지똥은 화도 나고 서러워서 눈물이 나왔어요. 하지만 저만치 소달구지 바퀴 자국에서 뒹굴고 있던 흙덩이가 곁눈질로 흘끔 쳐다보고 빙긋 웃었어요.

"뭣 땜에 웃니, 넌?"

강아지똥이 화가 나서 대들 듯이 물었어요.

"㉠ 똥을 똥이라고 않고 그럼 뭐라 부르니? 넌 똥 중에서도 제일 더러운 개똥이야!"

강아지똥은 그만 "으앙!" 울음을 터뜨려 버렸어요.

한참이 지났어요.

"강아지똥아, 내가 잘못했어. 그만, 울지 마."

"……."

"정말은 내가 너보다 더 흉측하고 더러울지 몰라……."

흙덩이가 얘기를 시작하자 강아지똥도 어느새 울음을 그치고 귀를 기울였어요.

"…본래 나는 저어쪽 산비탈 밭에서 곡식도 가꾸고 채소도 키웠지. 여름엔 보랏빛 하얀빛 감자꽃도 피우고……."

"그런데 왜 여기 와서 뒹굴고 있니?"

강아지똥이 물었어요.

"내가 아주 나쁜 짓을 했거든. 지난여름, 비가 내리지 않고 가뭄이 무척 심했지. 그때 내가 키우던 아기 고추를 끝까지 살리지 못하고 죽게 해 버렸단다."

"어머나! 가여워라."

"그래서 이렇게 벌을 받아 달구지에 실려 오다가 떨어진 거야. 난 이젠 끝장이야."

그때 저쪽에서 소달구지가 덜컹거리며 오더니 갑자기 멈추었어요.

"아니 이건 우리 밭 흙이잖아? 어제 싣고 오다가 떨어뜨린 모양이군. 도로 밭에다 갖다 놓아야지."

소달구지 아저씨는 흙덩이를 소중하게 주워 담았어요.

소달구지가 흙덩이를 싣고 가 버리자 강아지똥 혼자 남았어요.

"난 더러운 똥인데, 어떻게 착하게 살 수 있을까? 아무짝에도 쓸 수 없을 텐데……."

강아지똥은 쓸쓸하게 혼자서 중얼거렸어요.

겨울이 가고 봄이 왔어요. 어미 닭 한 마리가 병아리 열두 마리를 데리고 지나다가 강아지똥을 들여다봤어요.

"암만 봐도 먹을 만한 건 아무것도 없어. 모두 찌꺼기뿐이야."

어미 닭이 고개를 절레절레 흔들며 그냥 가 버렸어요.

보슬보슬 봄비가 내렸어요. 강아지똥 앞에 파란 민들레 싹이 돋아났어요.

"너는 뭐니?"

강아지똥이 물었어요.

"난 예쁜 꽃을 피우는 민들레야."

* 절레절레: 머리를 옆으로 자꾸 흔드는 모양.

"얼마만큼 예쁘니? 하늘에 별만큼 고우니?"

"그래, 방실방실 빛나."

"어떻게 그렇게 예쁜 꽃을 피우니?"

"그건 하느님이 비를 내려 주시고 따뜻한 햇볕을 쬐어 주시기 때문이야."

"그래애—. 그렇구나—."

강아지똥은 민들레가 부러워 한숨이 나왔어요.

"그런데 한 가지 꼭 필요한 게 있어."

민들레가 말하면서 강아지똥을 봤어요.

"……."

"네가 거름이 돼 줘야 한단다."

"내가 거름이 되다니?"

"네 몸뚱이를 고스란히 녹여 내 몸속으로 들어와야 해. 그래야만 별처럼 고운 꽃이 핀단다."

"어머나! 그러니? 정말 그러니?"

강아지똥은 얼마나 기뻤던지 ㉡ 민들레 싹을 힘껏 껴안아 버렸어요.

비는 사흘 동안 내렸어요.

㉢ 강아지똥은 온몸이 비에 맞아 자디잘게 부서졌어요…….

부서진 채 땅속으로 스며들어 가 민들레 뿌리로 모여들었어요.

줄기를 타고 올라가 꽃봉오리를 맺었어요.

봄이 한창인 어느 날, 민들레 싹은 한 송이 아름다운 꽃을 피웠어요. 향긋한 꽃냄새가 바람을 타고 퍼져 나갔어요. 방긋 웃는 꽃송이엔 귀여운 강아지똥의 눈물겨운 사랑이 가득 어려 있었어요.

(권정생)

* 고스란히: 조금도 줄거나 변하지 않고 그대로.
* 자디잘게: 아주 가늘고 작게.
* 어려: 담겨.

1 이 글의 제목으로 가장 알맞은 것을 고르세요. |제목|

① 소달구지   ② 강아지똥   ③ 흙덩이

④ 돌이네 강아지   ⑤ 민들레꽃

2 다음 중 낱말 풀이가 <u>잘못된</u> 것을 고르세요. |어휘|

① 소달구지: 소가 끄는 수레.

② 곁눈질: 눈알을 옆으로 돌려서 보는 것.

③ 산비탈: 산의 비스듬히 기울어진 곳.

④ 거름: 식물이 잘 자라도록 땅에 뿌리거나 섞는 물질.

⑤ 꽃봉오리: 활짝 핀 꽃.

3 강아지똥이 만난 인물을 시간 순서대로 나열하세요. |내용 파악|

4 ㉠을 들었을 때 짐작할 수 있는 강아지똥의 마음이 <u>아닌</u> 것을 고르세요. |추론|

① 무서웠다.   ② 슬펐다.

③ 서러웠다.   ④ 창피했다.

⑤ 화가 났다.

5 흙덩이에 대한 설명으로 사실이 <u>아닌</u> 것을 고르세요. |내용 파악|

① 산비탈에 살았다.

② 곡식을 가꾸고 채소를 키웠다.

③ 아기 고추를 살리지 못했다.

④ 벌을 받아 주인에게 버려졌다.

⑤ 감자꽃을 피웠다.

6 어미 닭이 강아지똥을 보고 고개를 절레절레 흔든 까닭은 무엇인가요? |내용 파악|

① 더러워서.   ② 냄새가 나서.

③ 울고 있어서.   ④ 먹을 만한 게 없어서.

⑤ 불쌍해서.

7 민들레가 예쁜 꽃을 피우는 데 필요하다고 말한 것은 무엇인가요? |내용 파악|

① 햇볕, 비   ② 햇볕, 흙

③ 햇볕, 비, 거름   ④ 햇볕, 비, 흙

⑤ 햇볕, 비, 바람

8 강아지똥이 ㉡과 같이 행동한 까닭은 무엇인가요? |추론|

① 민들레의 거름이 되어 주려고.

② 민들레가 쓰러질 것 같아서.

③ 민들레가 비를 맞지 않게 하려고.

④ 민들레를 위로해 주려고.

⑤ 봄이 되면 민들레 꽃을 볼 수 있다는 생각에 기뻐서.

9 ⓒ의 상황에서 강아지똥의 마음은 어떠했을까요? | 추론 |

① 슬펐다.　　　　　　② 기뻤다.
③ 화가 났다.　　　　　④ 무서웠다.
⑤ 재미있었다.

10 다음 중 이 글과 어울리지 <u>않는</u> 말을 한 사람은 누구인가요? | 감상 |

① 정연: 자신을 희생해 가며 민들레 꽃을 피우는 강아지똥의 모습에 감동했어.
② 노윤: 이 세상에 쓸모없는 것은 하나도 없는 것 같아.
③ 성규: 참새처럼 말을 함부로 하면 남에게 상처를 줄 수 있어.
④ 윤하: 나도 강아지똥처럼 누군가에게 도움을 주는 사람이 되고 싶어.
⑤ 보람: 꽃을 피우려고 강아지똥에게 희생을 강요한 민들레는 정말 나빠.

11 글의 내용을 정리했습니다. 순서에 맞게 번호를 쓰세요. | 줄거리 |

> ① 어미 닭은 강아지똥에게 먹을 만한 건 없고 모두 찌꺼기뿐이라고 말했다.
> ② 흙덩이가 강아지똥에게 세상에서 가장 더러운 개똥이라고 말했다.
> ③ 돌이네 흰둥이가 골목길 담 밑에 똥을 누었다.
> ④ 참새가 돌담 아래 떨어진 강아지똥을 보고 더럽다고 말했다.
> ⑤ 강아지똥은 민들레 싹을 꼭 껴안았고, 민들레 싹은 아름다운 꽃을 피웠다.
> ⑥ 민들레 싹은 강아지똥에게 거름이 있어야 꽃을 피울 수 있다고 말했다.

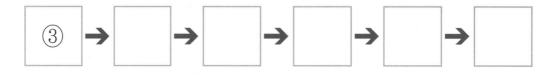

③ → ☐ → ☐ → ☐ → ☐ → ☐

완전개정판

초등국어
2단계

독해력은 모든 학습의 기초!

독해력 비타민

정답과 해설

시서
(주)례

1회 재활용 쓰레기 10~11쪽

1. 재활용   2. ②
3. 모아서 묶거나 종이 상자에 담아서 버린다.
   속을 비우고, 납작하게 만들어서 버린다.
4. 오염, 자원, 보호

2. ① 유리병은 병뚜껑을 제거하고 속을 깨끗이 씻어 물기를 빼고 버린다.
   ③ 재활용 쓰레기는 정해진 요일과 시간에 맞춰 버린다.
   ④, ⑤ 내용물을 버린 후, 각각의 재활용 수거함에 버린다.

3회 공기 없는 달 14~15쪽

1. ④   2. ②   3. ②   4. ⑤

2. ② 이 글은 '공기 없는 달'의 특징에 대해 설명하고 있다. 달에는 공기가 없어 소리를 들을 수 없고, 바람이 불지 않으며, 표면이 울퉁불퉁하다.

4. ⑤ ㉠ '덜 탄 것'은 운석을 말한다.

2회 호떡 12~13쪽

1. 군침   2. ③   3. ④   4. ②

4. ② 호떡은 중국 오랑캐가 먹는 떡이라 해서 '오랑캐 호(胡)' 자를 붙여 이름 지었다. 이와 같은 방법으로 지은 것은 호주머니다.

4회 손 씻기 16~17쪽

1. ④   2. ③
3. ① → ④ → ③ → ② → ⑥ → ⑤

5회 토의와 토론　　18~19쪽

1. 토의, 토론
2. 의견, 주장, 해결책, 설득, 함께, 반대
3. (1) ②, ④　(2) ①, ③

3. ②, ④는 찬성과 반대(바람직하다 / 바람직하지 않다, 된다 / 안 된다)로 나뉘어 주장을 말하는 토론 주제다.
'착한 거짓말'은 남에게 도움을 주기 위해 하는, 좋은 의도를 가진 거짓말을 뜻한다.
①, ③은 합창 대회에서 어떤 노래를 부를지, 가족여행을 어디로 갈지에 대해 다양한 의견을 나누는 토의 주제다.

6회 침엽수와 활엽수　　20~21쪽

1. 침엽수, 활엽수
2. 바늘잎나무, 넓은잎나무
3. ④
4. 사계절 내내 푸른 잎이 있는 활엽수.

7회 독도　　22~23쪽

1. ③　2. ④　3. 안용복　4. ①

4. ① 독도는 울릉도에서 떨어진 곳에 있는 섬이지 울릉도에서 떨어져 나온 섬은 아니다.

8회 숲과 물의 곤충　　24~25쪽

1. 숲, 물
2. (1) 소금쟁이
　 (2) 물방개
　 (3) 사슴벌레
3. ④　4. ①

9회 정전기　　26~27쪽

1. ③　2. ②　3. 천연 섬유　4. ⑤

2. ① '모'에 대한 설명이다.
　 ③ '명주'에 대한 설명이다.
　 ④ '면'에 대한 설명이다.
　 ⑤ '마'에 대한 설명이다.

3. 천연 섬유는 솜, 삼 껍질, 명주실(누에고치에서 뽑은 실), 동물 털처럼 자연에서 얻은 것으로 짠 섬유다.

1. ⑤
2. (1) 고모부, 고종사촌
   (2) 외숙모, 이종사촌
3. ②
4. 입양   5. ③   6. ④

2. 표에서 가로줄은 결혼 관계, 세로줄은 부모와 자식 관계를 의미한다.

3. ① 이모는 어머니의 언니 또는 여동생이다.
   ③ 아버지의 누나와 여동생을 모두 고모라고 한다.
   ④ 친척은 결혼을 하여 맺어지거나 어머니, 아버지와 핏줄이 같은 사람이다.
   ⑤ 고모의 남편은 고모부라고 부른다.

5. ① 아버지의 아버지.
   ② 어머니의 아버지.
   ④ 아버지의 할머니.
   ⑤ 할아버지의 할아버지.

1. 악기   2. ③
3. (1) 타악기   (2) 관악기   4. ④
5.

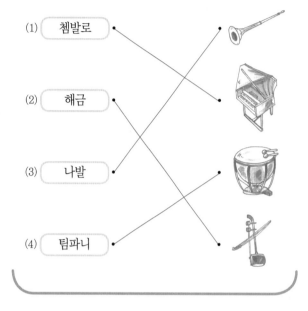

(1) 쳄발로
(2) 해금
(3) 나발
(4) 팀파니

2. ① 바이올린   ② 활과 화살   ③ 바이올린 활

3. (1) 꽹과리: 쇠로 만든 둥근 악기로, 끈을 달아 한 손에 들고 채로 쳐서 소리를 낸다.
   (2) 태평소: 나무로 만든 관에 구멍을 여덟 개 뚫고, 불어서 소리를 낸다.

4. ④ 우리나라에는 징, 꽹과리, 북, 편종 등 다양한 타악기가 있다.

1. ③　　2. ②　　3. 볍씨, 모내기, 껍질
4. ②　　5. ⑤　　6. ②

2. ② 벼는 모판에 씨를 뿌려 자라게 한다.

3. 곡식의 껍질을 벗기는 일을 '도정'이라고 한다.

4. ② 이앙기: 모를 심는 데 쓰는 기계.

6. 이 글에는 농부가 볍씨를 심어 쌀을 얻는 과정이 실려 있다. 또 글의 끝부분에 '쌀 한 톨에는 이렇게 농부의 정성이 듬뿍 담겨 있습니다.'라는 내용을 통해 답을 미루어 볼 수 있다.

13회 채소　　　　37~39쪽

1. 채소　　2. 밭　　3. ① ○, ② ×, ③ ×
4. ⑤
5. (1) 고구마, 당근　(2) 셀러리, 죽순
(3) 배추, 시금치　(4) 오이, 가지

3. ② 여러해살이 채소의 뿌리는 겨울에도 죽지 않고 땅속에서 살아남아 이듬해 봄에 다시 싹을 틔운다.

1. 거문고, 가야금　　2. 현학금
3. 6, 술대, 튕겨서, 무거운, 가벼운
4. ④　　5. ③　　6. ②

2. 현학금(玄鶴琴)은 한자어다.
　玄: 검을 현, 鶴: 학 학, 琴: 거문고 금

4. ① 우리나라의 악기는 꽹과리, 대금, 아쟁, 단소, 북, 생황, 박 등 다양하다.
　② 거문고와 가야금은 생김새가 비슷하다.
　③ 가야금은 중국의 악기를 참고하여 만들었다. 《삼국사기》에 '가야국의 가실왕이 당나라의 악기인 쟁을 보고서 가야금을 만들었다'라고 기록되어 있다.

5. 설명하는 글을 쓸 때, 여러 방법이 쓰인다. ①은 묘사, ②는 비교, ③은 대조, ④는 과정, ⑤는 구분으로 쓰인 이 글에는 거문고와 가야금의 차이점이 주로 나타났다.

6. ② 우리나라 현악기에는 거문고, 가야금, 해금, 아쟁 등이 있다.

1. ② 　2. ⑤ 　3. ①
4. (1) 하늘 (2) 땅 (3) 물 (4) 불 　5. ③
6.

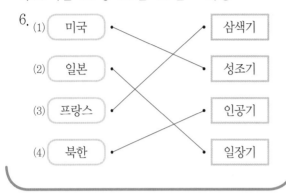

※ 태극무늬 바탕의 네 괘인 '건곤감리'를 한 글자씩 따로 적을 때는 '건', '곤', '감', '이'로 쓴다.
이때 '리'가 '이'로 바뀐 까닭은 'ㄹ'로 시작하는 낱말 (한자어)이 첫소리에 올 때는 'ㄹ'을 'ㅇ'으로 바꾸어 쓰기 때문이다.
예 流: 흐를 류
　하류(下流): 강의 아래쪽 부분.
　유행(流行): 노래, 옷차림 등이 사람들 사이에 널리 퍼지는 것.

1. 국경일 　2. ④
3. (1) 3월 1일 (2) 우리나라가 헌법을 만들어 널리 알린 것을 기념하는 날. (3) 8월 15일
(4) 단군이 우리나라를 세운 것을 기념하는 날.
(5) 10월 9일
4. ③ 　5. ① 　6. ⑤ 　7. ①

6. ⑤ 유관순: 일제강점기 때 3·1 운동을 일으킨 독립 운동가.
① 세종 대왕: 한글을 만든 조선 시대의 임금.
② 장영실: 해시계, 측우기 등을 만든 조선 시대의 과학자.
③ 이순신: 우리나라에 쳐들어 왔던 일본군을 바다에서 크게 무찌른 조선 시대의 장군.
④ 신사임당: 조선 시대 화가이자 작가. 학자이자 정치가였던 율곡 이이의 어머니.

7. 국기를 다는 방법은 두 가지다.
① 경축일(좋은 일을 기뻐하고 즐거워하는 날)이나 평일에 다는 방법이다.
② 슬픔을 나타내기 위해 깃발을 다는 방법이다. 현충일이나 나라에 슬픈 일이 생기면 깃발의 세로 길이만큼 위를 띄워 단다.
현충일(6월 6일)은 나라를 위해 싸우다 돌아가신 분을 기리는 날이다.

17회 비행기의 역사 49~51쪽

1.② 　 2.④ 　 3.엔진 　 4.열기구
5.⑤ 　 6.① 　 7.④

2.④ 이 글은 비행기가 만들어지기까지의 역사를 설명하고 있다.

7.④ 릴리엔탈은 날개를 이용해 바람을 타고 하늘을 나는 글라이더를 발명했다.

18회 자전거 52~54쪽

1.⑤

2.③

3.

4.④

5.

19회 곤충 55~57쪽

1.③ 　 2.㉠ 머리 ㉡ 가슴 ㉢ 배

3.③

4.(1)

| 알 | → | 애벌레 | → | 번데기 | → | 어른벌레 |

(2)

| 알 | → | 애벌레 | → | 어른벌레 |

5.② 　 6.④

5.② 이 외에도 곤충은 생태계가 유지되도록 다음과 같은 역할을 한다. ㉠ 무기질을 분해하여 영양이 풍부한 흙을 만들어 주어 식물이 잘 자라도록 한다. ㉡ 육식 동물의 1차 먹이가 되어 식물과 동물의 연결 고리 역할을 한다.

20회 동식물의 겨울나기 58~60쪽

1.(1) 애벌레 (2) 고치 　 2.⑤
3.② 　 4.곤충, 애벌레, 무당벌레
5.② 　 6. ③

2.⑤ 이 글은 동물과 식물의 겨울나기에 대한 설명이다.

5.② 나무의 '겨울눈'은 추운 겨울을 나고 이듬해 봄에 꽃이나 줄기, 잎으로 자랄 어린 싹을 말한다.

21회 꽃

1. ④
2. (1) ㉠ 암술 ㉡ 수술 ㉢ 꽃잎 ㉣ 꽃받침
   (2) 씨방
3. ③
4. (1) ① 통꽃 ② 갈래꽃
   (2) ① 갖춘꽃 ② 안갖춘꽃

1. ④ 이 글은 꽃에 대해 설명하고 있다. 윗부분은 꽃잎, 꽃받침, 암술, 수술로 이루어진 꽃의 구조를 설명했다. 아랫부분은 모양이나 구조에 따른 꽃의 종류를 설명했다.

3. ③ 꽃가루를 만드는 곳은 수술이다.

4. (1) 통꽃은 꽃잎 전체가 한 장으로 되어 있다. 또, 꽃잎은 갈라져 있지만 밑동이 붙은 꽃도 통꽃이다. 그러한 꽃으로 개나리, 국화, 민들레 등이 있다.

22회 학용품을 아껴 쓰자

1. 분실물   2. ④   3. ③   4. ①
5. ④   6. ②
7. 2. 쓰고 남은 학용품은 잘 보관한다.
   3. 학용품으로 장난을 치지 않는다.

2. ④ 앞문장의 '~잃어버리고도 찾아가지 않은 학용품'과 뒷문장의 '~버려진 학용품'은 내용이 비슷하다. 이때는 '그리고'를 사용해 문장을 이어 준다. 다음은 이어 주는 말의 종류와 사용 방법이다.

① 그래서: 앞문장이 원인이고 뒷문장이 결과일 때 쓴다. 예) 운동을 했다. 그래서 땀이 났다.
② 그러나: 앞문장과 뒷문장이 반대되는 내용일 때 쓴다. 예) 여름은 덥다. 그러나 겨울은 춥다.
③ 왜냐하면: 앞문장이 결과이고, 뒷문장이 원인일 때 쓴다. 예) 지각을 했다. 왜냐하면 늦잠을 잤기 때문이다.
④ 그리고: 문장과 문장을 이어 줄 때, 앞문장과 뒷문장이 비슷한 내용일 때 쓴다.
예) 지수는 노래를 잘한다. 그리고 춤도 잘 춘다.
⑤ 그러면: 앞문장이 뒷문장의 조건이 될 때 쓴다.
예) 이 길을 따라가. 그러면 학교가 보일 거야.

4. ② 낫 놓고 기역자도 모른다: 'ㄱ' 자 모양의 낫을 보고도 'ㄱ' 자를 모를 만큼, 아는 것이 없다는 것을 빗대어 하는 말.
③ 까마귀 날자 배 떨어진다: 아무 상관없는 일이 동시에 일어나 의심을 받게 된다는 말.
④ 도둑이 제 발 저리다: 잘못한 것이 있으면 누가 뭐라고 하지 않아도 마음이 조마조마해짐을 빗대어 하는 말.
⑤ 좋은 약은 입에 쓰다: 건강에 좋은 약이 입에 쓰듯, 자기에게 이로운 충고는 귀에 거슬린다는 말.

23회 일기를 꾸준히 쓰자   67~69쪽

1. 일기   2. ②   3. 다짐   4. ③
5. ①   6. ③

5. ② 겪었던 일 중 기억에 남는 일 하나를 썼지만, 느낌이나 생각을 쓰지 않았다.
　③ 자신이 겪었던 일만 여러 개 썼다.
　④ 자신이 겪었던 일 한 가지를 썼지만, 느낌이나 생각을 쓰지 않았다.
　⑤ 자신이 겪었던 일은 쓰지 않고, 그 일에 대한 느낌과 생각만 썼다.

6. ③ 난중일기: 임진왜란(1592~1598, 일본이 조선을 침입한 전쟁) 때 이순신 장군이 쓴 일기.
　① 안네의 일기: 2차 세계대전 중, 독일 출신 유대인 소녀 안네 프랑크가 쓴 일기.
　② 그림일기: 그림을 위주로 하여 쓴 일기.
　④ 독서일기: 책을 읽고 느낌이나 생각을 쓴 일기.
　⑤ 관찰일기: 어떤 것을 관찰한 내용과 느낌, 생각을 쓴 일기.

24회 물을 아껴 쓰자   70~72쪽

1. ④   2. (1) 재활용 (2) 세제
3. ①   4. ②   5. 물, 재활용, 세제
6. ②

4. ④ '물을 아껴 쓰자'는 주제의 주장하는 글이다. 주장글은 다른 사람을 설득하기 위해 쓴 글이다. 이 글에서는 물을 아껴 써야 하는 까닭과 그 실천 방법을 제시하고 있다.

25회 자기 일은 스스로 하자   73~75쪽

1. 스스로   2. ⑤   3. 습관   4. ④
5. ②

5. ② 이 글은 다른 사람을 설득하기 위해, 자기의 생각을 밝혀 쓴 글(주장하는 글)이다. 이러한 글은 서론, 본론, 결론으로 짜여 있다.

* 서론: 글을 쓰게 된 문제 상황을 쓴다.
　부모님의 도움을 평생 받을 수 없다는 내용으로 문제 제기하고 있다.

* 본론: 글쓴이의 주장을 쓴다.
　'자기 일은 스스로 하자'라는 주장을 하며, 그 실천 방법 5가지를 제시하고 있다. 첫째, 자기 몸을 깨끗이 씻는다. 둘째, 정리정돈을 잘한다. 셋째, 자기 방은 자기가 청소한다. 넷째, 학교에서 쓸 준비물은 스스로 챙긴다. 다섯째, 숙제를 혼자 한다.

* 결론: 주장을 강조한다.
　어릴 때부터 자기 일을 스스로 하는 습관을 지니자는 내용을 다시 한번 강조했다.

26회 화재가 났을 때 할 일　76~79쪽

1. 화재　2. ③　3. ④　4. ②

5. ①　6. ④

7. 소방서, 소방관, 소화기, 소방차

6. ① 미끄럼 주의 표지판

② 승강기 표지판

③ 대피소(위험을 잠깐 피할 수 있게 마련한 시설) 표지판.

27회 교통안전 수칙을 지키자　80~83쪽

1. ④　2. ④　3. ③　4. ⑤

5. 예방, 보호, 정문

6.

2. ③ 이 글은 '교통안전 수칙을 지키자'라고 주장하며, 그 실천 방법을 제시하고 있다.

그런데 [라]는 교통안전 실천 방법이 아니라, 대중교통(여러 사람이 타는 버스나 지하철 등의 교통)을 이용할 때 지켜야 할 예절에 대해 말하고 있다.

3. ③ 차가 다니는 길은 위험하므로 그 주변에서 놀지 말아야 한다.

28회 헬렌 켈러 84~89쪽

1. 점자   2. ⑤   3. ④
4. (1) 보지 못하는 것. (2) 듣지 못하는 것.
   (3) 말하지 못하는 것.
5. 앤 설리번   6. ② → ⑥ → ① → ④ → ⑤
7. ②   8. ④   9. ④

3. ④ 켈러는 설리번이 가르쳐 준 '물(water)'이라는 낱말을 통해 모든 물건에 이름이 있다는 사실을 알았다. 즉 처음으로 알게 된 낱말이 '물'이다.

8. ④ '사회적 약자'는 사회의 구성원 가운데 사회적으로 힘이 없어 약자의 위치에 있는 사람들을 말한다.

30회 봄 96~97쪽

1. 부뚜막
2. (1) 숨 (2) 고양이 (3) 바람 (4) 햇볕
3. ③   4. ④

2. (1), (3), (4) '코올코올', '소올소올', '째앵째앵'은 사전에 실리지 않은 낱말이다. 글쓴이가 시의 느낌을 살리기 위해 '콜콜'을 '코올코올', '솔솔'을 '소올소올', '쨍쨍'을 '째앵째앵'으로 바꾸어 표현했다.

4. ④ 이 시의 제목은 '봄'이다. 각 연에서 평화로운 봄의 모습을 표현하고 있다.

29회 안데르센 90~95쪽

1. 연극배우   2. 코펜하겐
3. ① ○, ② ×, ③ ×, ④ ○, ⑤ ×
4. ④   5. ③   6. ②   7. ①
8. ②   9. ③

6. ② '관용 표현'의 뜻을 찾는 문제다. '관용 표현'이란 원래의 뜻과는 다른 새로운 뜻으로 굳어져 쓰이는 표현을 말한다. 예를 들어 '입이 짧다'라는 관용 표현은 입의 길이가 짧다는 뜻이 아니라, 음식을 심하게 가리거나 적게 먹는다는 뜻으로 쓰인다.

8. ② 안데르센은 못생기고 초라하여 친구들과 잘 어울리지 못하고 외롭게 지냈다. 하지만 작가로 성공하겠다고 결심하고 노력한 끝에 많은 사람에게 사랑받는 작가가 되었다. 이러한 안데르센의 삶은 못생겼다고 미움받던 아기 오리가 백조가 되어 날아오르는 〈못생긴 아기 오리〉와 닮아 있다.

31회 송아지 낮잠 98~99쪽

1. ②   2. 4연 8행   3. ③   4. ②
5. 햇볕, 젖, 잠자리, 낮잠

2. 시의 한 줄을 '행'이라고 한다. 하나 이상의 '행'이 모이면 '연'이 된다.
시를 쓸 때, '연'과 '연' 사이는 한 줄을 비운다.

4. ② '말하는 이'는 시 속에서 이야기하는 사람이다. 시인 자신일 수도 있고, 시에 등장하는 사람일 수도 있다.

32회 눈은 눈은 100~101쪽

1. ①　　2. (1) 장수　(2) 색시　　3. ②
4. ④　　5. ③

4. ④ 1연에서는 '하늘', 2연에서는 '소금', 3연에서는 '떡가루', 4연에서는 '분가루'에 눈을 빗대어 표현하고 있다.

33회 어린 고기들 102~103쪽

1. ③　　2. ②　　3. 얼음, 고기, 봄
4. ④

34회 귀뚜라미와 나와 104~105쪽

1. 귀뚜라미, 나　　2. ①
3. ④
4. ②

3. ① 매미
② 사슴벌레
③ 소금쟁이

35회 성냥팔이 소녀 106~109쪽

1. (1) 난로　(2) 맛있는 음식
   (3) 크리스마스트리　(4) 할머니
2. 별똥별
3. (1) 소녀가　(2) 성냥을 사지 않았습니다.
   (3) 골목　(4) 할머니　(5) 하늘나라로
4. 성냥　　5. ①　　6. ⑤
7. 12월 25일

1. 소녀가 성냥을 그을 때마다 바라는 것이 나타났다가 사라졌다. 처음에는 난로, 두 번째는 맛있는 음식, 세 번째는 멋진 크리스마스트리, 마지막에는 돌아가신 할머니가 나타났다.

2. 소녀는 별똥별이 떨어지는 모습을 보면서 '별똥별이 떨어지는 건 누군가 하늘나라로 올라가는 거라고 할머니께서 말씀하셨는데……' 하고 생각한다. 이 부분에서 소녀의 죽음을 짐작할 수 있다.

36회 이상한 절구 110~113쪽

1. 절구   2. ②   3. ②   4. ①
5. 알갱이   6. 남매   7. ③ → ④ → ① → ②
8.

(1)		맷돌
(2)		절구
(3)		떡판
(4)		절굿공이
(5)		떡살
(6)		떡메

4. ① 형제는 절구를 서로 가지려고 다투다가 마루에서 떨어뜨렸다.

37회 여우와 호랑이 114~117쪽

1. 여우, 호랑이   2. ⑤   3. ③
4. ④   5. ②   6. ④
7. ① 여우   ② 호랑이   8. ③

3. ③ '관용 표현'의 뜻을 찾는 문제다. '등골'은 등뼈를 말하고, '오싹하다'는 몹시 무섭거나 추워서 몸이 움츠러들거나 소름이 끼치다는 뜻이다.
추워서 '등골이 오싹하다'라는 관용 표현은 '등골에 소름이 끼칠 정도로 매우 두렵거나 놀랍다'라는 뜻이다.

8. ① 꿩 먹고 알 먹는다: 한 가지 일로 많은 이득을 본다는 뜻.
② 굼벵이도 구르는 재주가 있다: 아무리 능력이 없어 보이는 사람도 한 가지 재주는 있다는 뜻.
④ 소 잃고 외양간 고친다: 일이 잘못된 뒤에는 뉘우쳐도 소용이 없다는 뜻.
⑤ 원숭이도 나무에서 떨어진다: 잘하는 사람도 가끔 실수할 때가 있다는 뜻.

1.① 2.⑤ 3.③ 4.④
5.

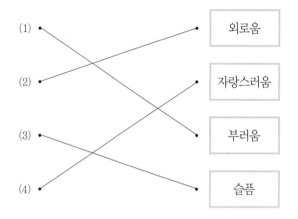

(1) •　　　　　• 외로움

(2) •　　　　　• 자랑스러움

(3) •　　　　　• 부러움

(4) •　　　　　• 슬픔

6.⑤ 7. 무도회
8. 오두막집, 감사, 마음

1. 이 글은 밀로 만든 양초와 동물 기름으로 만든 양초에 대한 이야기다.

5.(1) 밀로 만든 양초가 자신을 뽐내며 자랑스럽게 말했을 때, 동물 양초는 밀 양초가 부러웠다.
(2) 아저씨가 밀 양초를 가져갔을 때, 동물 양초는 외로웠다.
(3) 오두막집에 갔을 때, 동물 양초는 자신의 신세가 처량해서 슬펐다.
(4) 아이의 가족에게 빛을 비추었을 때 동물 양초는 자신이 자랑스러웠다.

6.⑤ 도란도란: 여럿이 낮은 목소리로 정답게 이야기하는 소리나 모양.

1.⑤ 2.④ 3.③ 4.(1) 강원도
(2) 충청남도 (3) 전라북도 (4) 경상남도
5.(1) 고집쟁이 (2) 대장장이
(3) 욕심쟁이 (4) 도배장이

3.③ '석 달'은 3개월, '열흘'은 10일을 뜻한다.

1.② 2. 거북(이) 3.③
4.④ 5.⑤ 6.⑤
7.⑤ → ② → ① → ④ 8.①

6.⑤ 용왕은 동물과 대화할 수 있는 능력이 있다는 걸 절대 말하지 않는다는 조건으로 사냥꾼의 부탁을 들어주었다. 그런데 사냥꾼이 약속을 어겨 돌로 변했다.

8.② 등잔 밑이 어둡다: 가까이에 있는 것을 도리어 알지 못한다는 뜻.
③ 고양이 앞에 쥐: 무서운 상대 앞에서 한없이 움츠린 모양을 두고 이르는 말.
④ 가는 말이 고와야 오는 말이 곱다: 내가 남에게 잘해야 남도 나에게 잘한다는 뜻.
⑤ 세 살 적 버릇 여든까지 간다: 한번 들인 버릇은 여간해서 고치기 힘들다는 뜻.

41회 공짜라는 이름의 사나이 130~133쪽

1. ④   2. (1) 행색 (2) 친정 (3) 통곡
   (4) 궂은일 (5) 쓴웃음
3. 부자 여신, 재산지기, 영생
4. ⑤   5. ②   6. ③   7. ⑤

7. ① 웃는 낯(얼굴)에 침 뱉으랴: 좋게 대하는 사람에게 화를 내지 못한다는 뜻.
② 콩 심은 데 콩 나고, 팥 심은 데 팥 난다: 모든 일은 원인에 따라서 결과가 생긴다는 뜻.
③ 방귀 뀐 놈이 성낸다: 자기가 잘못하고서 오히려 남에게 화를 낸다는 뜻.
④ 윗물이 맑아야 아랫물도 맑다: 윗사람이 바른 행동을 해야 아랫사람도 그 모습을 본받아 바르게 행동한다는 뜻.

42회 완두콩 오 형제 134~137쪽

1. ⑤   2. 꼬투리   3. ③   4. ②
5. ①   6. ④   7. 희망   8. ②
9. ③

9. ③ 우물 안 개구리: 넓은 세상을 알지 못하고 저만 잘난 줄 아는 사람을 비유한 말.
① 발 없는 말이 천 리 간다: 말은 금방 쉽게 퍼지니 말조심하라는 뜻.
② 꿩 대신 닭: 자기가 쓰려던 것이 없으면 그와 비슷한 것을 대신 쓴다는 뜻.
④ 고양이 쥐 생각해 준다: 속으로는 해칠 마음을 품고 있으면서, 겉으로는 생각해 주는 척한다는 말.
⑤ 가재는 게 편: 모습이나 상황이 비슷한 친구끼리 서로 돕거나 편을 들어준다는 뜻.

43회 스호오의 해금 138~141쪽

1. ④   2. ②   3. 뼈, 힘줄, 꼬리털
4. ①   5. ③
6. 망아지, 우승자, 약속, 화살, 해금

2. ② 망아지: 말의 새끼

4. ① 해금: 손가락으로 두 줄을 누르고 활로 켜서 소리 내는 악기.
② 대금: 손가락으로 악기의 몸통에 있는 구멍을 막고, 입으로 불어서 소리 내는 악기.
③ 장구: 양손에 하나씩 채를 잡고 양쪽의 북을 쳐 소리 내는 악기.
④ 가야금: 악기의 몸통에 있는 줄을 손으로 뜯거나 튕겨서 소리 내는 악기.

5. ③ 스호오는 죽은 말로 만든 해금을 연주하며 그리움을 달랬다.

44회 별이 된 국자 142~145쪽

1. ③   2. ③   3. ②
4. ②   5. ⑤   6. ①
7. 물, 국자, 은, 금, 북두칠성

1. ① 장마: 여름철에 계속해서 많이 내리는 비.
   ② 무더위: 몹시 찌는 듯 견디기 어려운 더위.
   ④ 우박: 하늘에서 떨어지는 얼음덩이.
   ⑤ 한파: 겨울철에 온도가 갑자기 내려가면서 들이 닥치는 추위.

3. ② 북두칠성

4. ② 병든 어머니를 위해 물을 구하러 나왔을 때, 소녀의 마음은 슬펐을 것이다. 그러나 땅에서 물이 솟아오르는 모습을 보면서 기쁘고 행복한 마음이 들었을 것이다.

5. ⑤ 소녀가 자신보다 강아지, 어머니, 나그네에게 먼저 물을 주는 것을 보아, 남을 배려한다는 것을 알 수 있다.

45회 꼬마 요정과 구둣방 할아버지 146~149쪽

1. ④   2. ④   3. ②   4. ③
5. ①
6.

(1)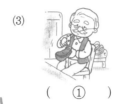
(②)

(2)
(④)

(3)
(①)

(4)
(③)

1. ④ 작업대: 일을 하기에 편리하도록 만들어 놓은 대.
   * 대: 물건을 올려놓을 수 있는 가구.

3. ② 머리가 하얀 할아버지는 착하고 성실하게 일했다. 또 겨우 구두 한 켤레를 만들 수 있는 가죽만 남았어도 "이걸로 구두를 만들어 팔면, 구두 두 켤레는 만들 가죽을 살 거야."라고 말하며 자신의 처지를 긍정적으로 생각했다.

6. (1) 할아버지를 대신해 구두를 만드는 요정들.
   (2) 할아버지와 할머니가 만든 옷을 입고, 구두를 신고 좋아하는 요정들.
   (3) 열심히 구두를 만드는 할아버지.
   (4) 요정들이 만들어 놓은 신발을 보고 놀라는 할아버지와 할머니.

46회 포도밭의 보물   150~154쪽

1. ④   2. (1) 괭이 (2) 호미
3. ① ×   ② ×   ③ ○   ④ ×
   ⑤ ×   ⑥ ○
4. ① → ⑤ → ③ → ②
5. ⑤   6. ④   7. ②

2. 농기구: 농사짓는 데 쓰는 기계나 도구.
  (1) 괭이: 땅을 파거나 흙을 평평하게 하는 데 쓰는
  농기구.
  (2) 호미: 풀을 뽑거나 감자, 고구마 등을 캘 때 쓰는
  농기구.

47회 강아지똥   155~160쪽

1. ②   2. ⑤   3. 흙덩이, 어미 닭, 민들레
4. ①   5. ④   6. ④   7. ③
8. ①   9. ②   10. ⑤
11. ④ → ② → ① → ⑥ → ⑤

2. ⑤ 꽃봉오리: 아직 피지 않은 꽃.

5. ④ 흙덩이는 주인아저씨가 달구지에 싣고 오다 떨
   어뜨린 것이다.

8. ① 강아지똥이 거름이 돼 줘야 민들레가 꽃을 피울
   수 있다고 했다. 그래서 강아지똥은 민들레 싹을 힘
   껏 껴안아 거름이 되어 주었다.

9. ② 강아지똥은 자신을 아무짝에도 쓸 수 없는 하찮
   은 존재로 여겨 실망하였다. 하지만 민들레의 말을
   듣고는, 자신을 필요로 하는 존재가 있음을 알게 되
   었다. 게다가 강아지똥이 민들레의 몸에 들어가면
   별처럼 고운 꽃을 피운다고 하였으니, 기쁜 마음으
   로 거름이 되었을 것이다.

10. ⑤ 민들레는 꽃을 피우려면 강아지똥이 거름이
    돼 줘야 한다고 말했을 뿐, 희생을 강요하지는 않
    았다.

독해력 비타민